Minkä tähden, sen tähden

Aikamatka
1800-luvun
luonnontieteilijän
mieleen

Imprimatur.

G. Rein.

Alkuperäisteos (suomennos):
Otto Ule, 1845. Mintähden ja Sentähden.
Kysymyksiä ja Vastauksia Kaikkeen
Luonnon Tietoon kuuluvista Asioista.

Toim. Kaj Lilius 2019

Puhtaaksikirjoitus ja taitto: Kieliluotsi Oy

Kustantaja: BoD – Books on Demand, Helsinki, Suomi

Valmistaja: BoD – Books on Demand, Norderstedt,
Saksa

ISBN: 978-952-80-1944-2

Mäyrämäen Santerista

Mäyrämäen Santeri, ALEKSANTERI VIINIKAI-
NEN (1851–1933) eli Viinikais-Santtu, ehti pitkän
elämänsä aikana parantaa satoja ihmisiä. Palkkaa-
kin toki kertyi, mutta kyllä Santeri ennen kaikkea
hyvästä sydämestä toimi.

Kouluikäisenä Santeri unelmoi kirjatietoudesta ja
puutarhasta. Santerin toiveet täyttyivät: joltakin
kulkurilta hän oppi kirjaimet, ja sitä mukaa kuin
taito karttui, kasvoi myös lukuhalu. Kotona Mäyrä-
mäessä oli Santerin lapsuudessa kirjakoppa, jossa
säilytettiin Raamattua, Uutta testamenttia ja Postil-
laa, mutta se tuotiin vintistä vain pyhäpäivisin.

Santeri ansaitsi leipänsä päivätöissä kylän tilallisen
pelloilla. Elosta yli jäävällä rahalla Santeri osti ker-
ran kuussa vierailevalta "laukkuryssältä" tältä tilaa-
mansa kirjan. Kirjasto hevostallin ylisillä kasvoi
kasvamistaan ja alkoi ajan mittaan herättää huo-
miota.

Iän ja tiedon karttuessa Santerissa kasvoi myös
halu käyttää tietojaan kanssaihmisten vaivojen pa-
rantamiseen. Hänestä tuli itseoppinut "kansanpa-
rantaja". Mutta mikään "tietäjä" hän ei suostunut
olemaan, sillä hänen taitonsa perustuivat täysin kir-
jallisuuteen ja omiin kokemuksiin.

Santeri tuli hyvin toimeen lääkäreiden ammatti-kunnan kanssa. Usein hän sanoi potilaalle: "Nyt on ensiapu annettu, menkää lääkäriin."

Tarvitsemansa lääkkeet Santeri valmisti luonnon-yrteistä ja kotipihassa kasvatetuista kasveista, toi-sinaan piti sentään käydä Jyväskylän apteekissa.

Santeri teki siis lääkkeensä itse ja helsinkiläisten tarkastajien mukaan aivan oikein. Santeri tunsi jo varhain homeen ja hämähäkinseittien parantavan vaikutuksen: ennen kuin hän laittoi haavan kääree-seen, hän sotki lasipurkista hometta sekaan.

Mökki, jossa Santeri asui ja hoiti potilaitaan, ei ol-lut iso, mutta se oli viihtyisä. Eteisestä mentiin suo-raan isännän kamariin. Kakluunin vieressä vasem-malla oli iso, tupaten täysi kirjahylly. Pöydällä ja lattialla oli korkeita kirjapinoja, ja muutama kes-kenlukuinen teos odotteli työpöydällä ikkunan edessä. Huoneen oikeanpuoleisella seinällä oli sänky.

Eteisen kautta päästiin kohtalaisen kokoiseen, ulos-lämpiävään tupaan, missä huomio kiinnittyi seinän hyllykköön ja pitkään pöytään. Ne olivat niin täynnä pulloja, pusseja, rasioita, vaakoja, mortte-leita ja muita isännän työvälineitä, että olisi saatta-nut kuvitella tulleensa ennemmin apteekkiin kuin salotölliin. Uunin takana sänkynsä laidalla istuva roteva emäntä astui ovelle ja toivotti ystävällisesti vieraan tervetulleeksi.

Parantajan maine kiiri kauas. Ympäri Suomea tulleissa kirjeissä pyydettiin lääkkeitä ja opastusta, ja silloin tällöin potilaita tuli Oulun korkeudelta tai Etelä-Suomesta saakka.

Santeri hallitsi myös sepän työt ja oli niin taitava hienomekaanikko, että taisi korjailla kelloja. Hän oli taitava myös kätilönä.

Sen verran mystiikkaa Santtuun sisältyy, että kerrotaan hänen nuorena miehenä saaneen käärmeen tulemaan luokseen omatekoiseen pilliin puhaltamalla.

Mutta mikä oli tärkeintä: herkkä ja osaava Santeri pärjäsi niin hyvin ronskin ja rotevan Lusiinan kanssa, että viisi tyttöä ja viisi poikaa siitä töllistä aikaa myöden maailmalle jouti.

Kirjan kirjoittajasta

Otto Eduard Vincenz Ule.
(Kuva: Die Gartenlaube -lehti, vuosi 1858.)

Otto Eduard Vincenz Ule (22.1.1820 Lossow –
7.8.1876 Halle) oli saksalainen tietokirjailija, joka
ansioitui erityisesti luonnontieteiden saavutusten
julkaisemisessa sellaisessa muodossa, jota tavalli-
nenkin kansa kykeni ymmärtämään. Hän oli tieteen
kansantajuistajana 100 vuotta aikaansa edellä, sillä

tavalliselle kansalle suunnatun tiedekirjallisuuden tsunami (Richard Dawkins ym.) löysi eurooppalaisen lukijansa vasta 1950–1960-luvuilla.

Kuten oli tuolloin varsin yleistä (mm. Darwin!), myös Otto Ule aloitti opintonsa teologiassa (1840 Hallen yliopisto) mutta siirtyi sitten opiskelemaan matematiikkaa ja luonnontieteitä Hermann Burmeisterin oppilaana. Hän jatkoi opintojaan Berliinin yliopistossa ja saattoi maisterin tutkintonsa päätökseen vuonna 1845. Hän opetti viisi vuotta luonnontiedettä eri oppilaitoksissa mutta omistautui sitten freelancer-kirjoittajana luonnontieteen kansantajuistamiselle ja perusti vuonna 1852 yhdessä Karl Johann August Müllerin ja Emil Adolf Rossmässlerin kanssa lehden "Die Natur".

Kirjamme tausta lienee seuraava: Saksan tieteellisen tutkimuksen ja korkeamman koulutuksen "jättiläinen", Alexander von Humboldt, julkaisi Kosmoksesta kertovan, todella mittavan teoksensa, jota harva kansalainen kykeni ymmärryksensä säilyttäen lukemaan. Otto Ule otti tehtäväkseen kääntää nuo viisaudet kansankielelle. Hänen luentosarjansa olivat perin suosittuja. Hän löysi tästä valistustyöstä elämäntehtävänsä.

Hyväntahtoiselle Lukialle.

Oma kieli ompi kallis,
kallis valo auringosta,
– vieras kieli valo
kuusta.

Juteini.

Sill' ei ole Isän maata,
Sill' ei ole Isän mieltä,
Joll' ei ole Äitin kieltä.

Tietymätöin.

Ehdolla on etsittynä,
halulla on haettuna
Vähä vihko viisauutta,
Tarkkaa totista totuutta,
Ongittua ulkomaalla,
keksittyä kotonakin.

Into käski kokemahan,
kuinka sopis suomen kieli,
kieli sujuisi suloisin,
kieli vanhan Väinämöisen,
vanhan viisaan vilpittömän.
– Mutt' on mulla mieli musta,
mieli musta murheellinen,
kuin en ennen alkanunna
Alkanunna aamupäivin –

Vanhana on vastamäki,
vasta-mäki, vasta-virta;
kuin on kädet käppyrässä
Sormet soitollen ei sovit.
Silmät vanhan sokeevaiset,
Sokeevat sippurassa.
Kova onni kirjottajan,
Istuaksen sivutoinna,
Sivutoinna, seljätöinnä
Selkäluutkin lysmistynnä.

Nousis nuori nerokkaampi
neroansa näyttämähän!
jonka povi palavampi:
silmä vielä selkeämpi;
näkis läpi luonnon lukun,
lukun lukitun lujasti
tietoon tottumattomallen
taitoon taipumattomallen.
Nousis nuori nerokkaampi
neroansa näyttämähän!
jonka sormet sukkelammat,
sukkelammat sukevammat,
jonka selkä soriampi
vielä selkäluut lujemmat,
joustavat kuin jouhi-kuusi,
kovemmat kuin koivun kylki.

Nousis nuori nerokkaampi
neroansa näyttämähän!
Aamupäivin aikosella,
ennen päivän polttamista
ennen helteen heijastusta,
Ilta hämyn hämärrystä.

Kyll' on hyvä heijastuskin;
Hellet kelpaa kylväjällen,
– kyntäjällen kylväjällen,
Leivän aineen laittajallen
vaikka hiki hivuksista
juoksee pitkin poskiansa – .
Hellet paakut pehmittääpi
Hellet hyvän jouduttaapi
Hellet tulon toimittaapi
hyvän kasvun kasvattaapi.
Hellet hyvä hedelmällen
kunnia kukoistuksellen,
kuin on Oras onnistunna
Aamu-kasteen kastamalla,
aikosella työnteolla,
varahin varustamalla.
Mutta pelto paakkuisempi,
Savisempi sitkeämpi
kovempi kuin kiven kylki,
kylki kovan kallionkin,
Helteen pitää huonompana.
Hellet kasvun kadottaapi,
kadottaapi, kuiventaapi,
kuiventaapi, korventaapi

tähjät typi tyhjemmiksi
jyvät viheljäisemmiksi
kuivan kutistuisemmiksi
kuin o'ot kuivat katajaisen
pienet neulat pistäväiset.

Nousis nuori nerokkaampi
neroansa näyttämähän
Aamuruskon auttamalla
Aamupäivän autuudella!
Nousis povella pyhällä,
Aivan hartaalla halulla,
Suomen kieltä sovittamaan,
tieto-toimeen taivuttamaan;
Ettei vanha vaipuvainen
vaivojansa valittaisi
kipujansa kitisisi:
Että kieli kirkastuisi
kerran vielä kukostaisi
niin kuin kukkaiset keväällä:
kerran kantaisi hedelmän
Miesten mielelle makian,
niinmyös naisten naurusuisten:
Kerran kantaisi hedelmän
Sydämiä sytyttämään
kaunihinta kartuttamaan
Tiedon teitä toimittamaan
Tavan taitoja lisäämään

XIV

Opin onnee auttamahan,
Kansakuntaa korottamaan
Valtakansain vertaiseksi,
Ylimmäisten ystäväksi;
Kansakuntaa korottamaan
väkeviä vahvemmaksi,
kaiken tiedon tietäväksi,
Taidon toimen taitavaksi,
Ihmiskunnallen iloksi,
Lasten lapsien hyväksi,
Esivallan autuudeksi,
Esi isäin kunniaksi.

Esipuhet.

Kaikki, mitä mailmasta ymmärtäväisen eteen tulevat, taikka joihin hän koskea eli tarttua taitaa, ovat kappaleiksi kutsuttavat. Net ovat luonnon kappaleita, joita Valon Isä on antanut tutkinnoksi jokaiselle, joka tiedon perään ja päälle pyrkii. Me ihmiset käsittelemme, ja käsitämmekin kappaleita niistä omaisuksista jotka me meidän aistimilla eli huomaimilla heistä tulemme äkkäämään eli huomaitsemaan; ja mitä himokkaampi tiedon into kullakin on, sitä innokkaampi on hän kysymään, Mintähden? Mitä enemmän Luoja on lainannut neroa ja ymmärrystä, sitä usiammin taitaa hän löytää vastauksen, Sentähden. Koko maailma on hänelle avoin kirja, josta hän lukee Luojan Töitä; kaikki kappaleet ja niiden omaisukset ovat hänellen elävät kirjaimet (puustavit), ja mitä enemmän hän näitä tutkiskelee, sitä tarkemmaksi tulee hänen mielensä käsittämään ja tähtäämään aina suurempia, syvempiä ja salaisempia Luonnon vaikutuksia.

Mutta Luonto on ääretöin, niinkuin kaikkivaltiaan Luojan Viisauus ja Voima, ja ihminen on katoovainen ja rajain sisälle suljettu, niin että monta kysymystä, Mintähden? vielä jäävät vastaukseta, ja tulevat niin jäämään siihen asti kuin silmämme avataan äärettömään ijankaikkisuuteen.

Tämä kirjainen on tehty yksinkertaisia ja vasta-alkavaisia varten, eikä taida täyttää täysi oppineiden tarpeita ja vaatimuksia. Tästä on ainoasti koettu saada ylimmäisten viisasten tutkintoja yksinkertaisesti käsitettäviksi ja Suomen kielellä selvitetyiksi, että jos jokainen Tieto-Mies, nähtyänsä tämän suloisen kielen jotenkin sujuvan mieltä myöden, ihastuisi sitä paremmalla ja nerokkaammalla voimalla kartuttamaan. Latinaisia nimiä olen pannut suomalaisten viereen koukkuviivain väliin ja pienimmäksi präntättynä, ettei Lukialle niistä pitäisi haittaa tuleman, mutta sille johdatusta joka oikein Lukumieheksi aikoo.

I Luku.

Kappaleiden yhteisistä Omaisuksista.

Alkujohdatus.

Jokaisen kappaleen omaisukset ilmottavat sen olennon, erottavat sen kaikista muista, ja tekevät vaikutuksia toisten päälle. Net jotka kuuluvat aivan kaikille ilman eroitukseta, kutsutaan yhteisiksi (*proprietates communes*); ne jotka vain muutamille kappaleille kuuluvat, taikka havaitaan niillä erinomaisista tapauksista, kutsutaan erinäisiksi (*pr. singulares*). Kappaleiden yhteiset omaisukset ovat seuraavaiset:

1. Avaruus. (*Expansio, extensio*), jonkautta kappalet ottaa tilaa. Tämän tilan rajat määräävät kappaleen suuruuden eli koon (*volumen*) ja muodon eli haamun. Sen aineen, jota täyttää tilan, eli sian, kutsumma aineeksi (*Materia*).

2. Läpitunkeumattomuus (*Impenetrabilitas*) jonkautta kaksi kappaletta eivät taida yhtaikaa ottaa yhtä ja samaa tilaa. Koska yksi kappalet näyttää käyvän toisen sisällen, tulee se siitä, että toisessa kappaleessa on välipaikkoja, huokoisia (*pori*), joihin toinen menee.

3. Kimmo, Poukko, Jousto, Umpu. (*Elasticitas*) se laatu kuin kappaleilla on pikaisesti ottaaksensa entisen haamunsa, jos se ulkonaiselta voimalta painetaan muuttumaan, kohta niin pian kuin paino lakkaa, herkeää. Kuitenkin on hoksaaminen (arvattava) että paino ei saat käydä yli vissin määrän, joka on erinäinen erinäisissä kappaleissa, sillä muutoin jääpi kappalet sen mukaiseksi, kuin se on painunut: Jousi vellottuu eli lysmistyy, ja ymmyriäinen kivi murenee. Kaikki kappaleet taitavat painua pienempään tilaan, vaikka muutamat aivan vähän, esimerkiksi vesi, jonka vuoksi juoksevaiset kappaleet tavallisesti pidetään painumattomina (*incompressibilia*).

4. Puoleensa veto (*attractio*) jonkakautta kappaleet vetävät toisiansa puoleensa, (kohtiinsa); voima jolla tämä tapahtuu tulee kappalten suuruuden ja etään päälle. Puoleensa veto ilmoittaa itsensä kahdella lailla, nimittäin: 1) likeeltä koska kappaleet ovat kiinni toisissansa (toinen toisessansa) ja kutsutaan hivus kiinnitykseksi (*attractio Capillaris*) sentähden että se on syy vedenkin nousemiseen hyvin hienossa lasi-pillissä (*tubulus capillaris*, hivuspillissä) korkiammalle kuin ympärillä olevassa astiassa. Se on myös syy siihen että vesi tarttuu muutamiin kappaleisiin jos net upotetaan siihen, ja kastaa net, niinkuin elävä-hopia tarttuu vaskeen, tinaan, hopiaan ja kultaan j. n. e. – 2) Etempää (*e distantia*): Se on puoleensa veto etäältä, eli kaukaa, joka liikuttaa liikkuvaiset tähdet (planetat) aurin-

gon ympäri, ja kuun ympäri maata. Tämä voima te-
kee maallisten kappalten raskauden eli painon, jon-
kautta ne vallallensa päästettynä, laskettuna, heitet-
tynä, taikka koska ei mitään ole esteenä heidän liik-
kumistansa vastaan, putoavat maapallon keskeä
kohden. Tämä tulee Maan suuruudesta niiden kap-
palten suhteen jotka sen päällä ovat. Vapaasti pu-
toava kappalet liikkuu ensi sekundista (lerkkauk-
sesta) 16½ jalkaa eli 8¼ kyynärää, toisesta kolmet
sen vertaa, kolmannesta viisi, neljännestä seitse-
män sen vertaa j. n. e. aina paripuolia lukuja myö-
den. Tämä ensimmäisen lerkkauksen aikana tapah-
tuvan putoamisen määrä kutsutaan putous-mää-
räksi, jota on vähempi auringon keski alla, ja sitä
suurempi mitä etempänä paikka on päivän tasaa-
jasta ja lähempänä Maan napoja.

Jokaisessa kappaleessa on aina yksi painon keski,
jossa koko kappaleen raskaus eli paino taitaan aja-
tella olevan koottuna. Jos jonkun kappaleen pitää
pysymän paikallansa, niin pitää tämän painokesken
alla oleman tuetta eli kuurtoa, eli tuet, kuurto, ole-
man kappaleessa kiinni sen piirron kohdalla joka
kappaleen painokeskestä vedetään Maapallon kes-
keä kohden. Mutta jos kuurto eli tuet on vähänkin
tästä piirrosta erillänsä, niin lähtee kappalet vyöry-
mään onsipuolelle. – Tämä nähdään pyörän myötä-
ja vasta-mäessä erillaisesta olosta, niin myös koska
luodia asetetaan kallellansa seisovalle pöydälle.

P on luodin painokeski,
pöytä A K on kallellansa,
niin että P:stä vedetty piirto
eli viiva maan keskeä koh-
den ei tule käymään sen
kohdan läpi jossa luoti on
pöydässä kiinni, jontähden A
luoti lähtee vyörymän Ata
kohden.

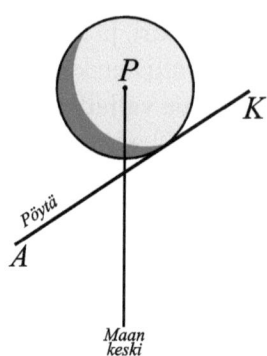

Muistutettava: Koossa pito (*cohæsio*) on se voima
eli omaisuus kappaleissa jonkautta sen osat kes-
kenänsä riippuvat kiinni toisissansa ja puoleensa
vedon seuraus.

5. Koon muutos lämpymän kautta (*Voluminis per
calorem mutatio*). Lämpö eli lämmintö paisuttaa
kappaleet, niiden osain harventamalla toisistansa.
Se vaikuttaa koossa pidäntöä vastaan. Lujissa kap-
paleissa ovat nämät voimat tasamäärässä; mutta jos
lämmintä lisätään sen määrän yli, niin muuttuu
kappaleen koossa pysyntö juoksevaksi, ja lämpi-
män vielä enämpi lisäntö muuttaa sen löylyksi,
höyryksi, viimmein ilman tavalla juoksevaksi kaa-
suksi (*Gas*). Nämät kolmet kappalten olento laatua
(nimittäin *a*) lujana, *b*) sulana eli juoksevana ja
c) höyrynä) kutsutaan niiden koossa olon muo-
doksi (*forma aggregationis*). Kuitenkin on tässä
muistettava, etteivät kaikki kappaleet edestule kai-
kissa kolmessa olomuodoissa, josta senvuoksi ei
kuitenkaan saa päättää niiden kaipaavan yhtä

taikka toista V. Luku 2. §. ilmoittaa Elävän ho-
pianki hyytyvän takoma-lujaksi, ja Hiilihapon
(tuoksu höyryn *Gas asidi carbonici*) taittavan sekä
astioissa pidellä, kaadeskella, niin kuin muutakin
juoksevaa ainetta ja tallelakin pidettää nimikko
juomisissa.

Ilman näitä ylöslueteltuita omaisuksita on kappa-
leilla vielä muitakin yhteisiä omaisuksia jotka kui-
tenkaan eivät ole niin välttämättömän tarpeelliset
tutkittaviksi kuin edellä sanotut, Esimerkiksi:

6. Huokoisuus (*porositas*) josta tulee että kappaleet
eivät täpi täytä sitä tilaa jossa ne ovat, vaan että
niissä on huokoja, poreita eli rakkosia, jotka ovat
täynnä eriainetta niinkuin ilmaa, vettä j. n. e. muu-
tamissa taitavat nämät huokoiset näkyä paljain sil-
min (esimerkiksi, sienissä, nahassa), toisissa suu-
rennus lasilla, (Luk. IV. 32.) vielä toisissa tietään
niitä olevan siitä, että ne saadaan takomalla pie-
nempään tilaan, niinkuin kulta, vaski ja melkein
kaikki metallit.

7. Jakaunto (*divisibilitas*) jonkautta kappaleet saa-
daan ositeltuksi sanomattoman pieniin jakoihin eli
osiin *b*). Kuitenkaan ei saa ihminen tätä jakauntoa
täysi pieneksi asti, mutta Luonto näyttää jakaunnon
olevan lähes määrättömän esimerkiksi (*e. gr.*) siinä
että yksi aivan pieni kukka täyttää kokonaisen huo-
neen hajullansa, vaikka sen hajuöljy astioitakaan ei
paljain silmin saada näkyviin: hetetten vesissä

oleva maku lähes tutkimattomasta makuaineen osasta (Luku III. not *a*).

8. Likunto ja pysyntö (*mobilitas* & *perseveratio*) senlainen kappalten omaisuus että ulkovoimalta saatettaa liikkeellen ja pysyä liikunnossa siksi, kuin ulko-voima vastaan pitämällä pysäyttää (esimerkiksi ilma, paino, pohjan epätasaisuus ja tästä tuleva hieranto j. n. e.).

Kappalien erinäisiä omaisuksia on monta, mutta tästä merkitään ainoasti Kovuus, pehmeyys, läpinäkö etc.

Mintähden ja Sentähden.

9. Mintähden taitaa Sukellus-kello mennä veden pohjaan ilman vettä täyteen tulematta?

Sentähden, että siinä sisällä oleva ilma pitää vettä vastaan, ja vaikka se jotakuta vähempään tilaan painuu, niin se kuitenkin, pitää paikkansa kellon ylipohjassa jollei astia kallistu. Ilma on niin hyvin kappalet kuin vesikin.

10. Mintähden tulee elefantin hammasluusta tehtyyn palliin leviämpi noki-merkki korkialta pudotettuna mustaksi savustettuun kiveen, kuin käsin sitä vastaan painettuna?

Sentähden, että putoomisen pohti aina lisääntyvä viimmein joutuu väkevämmäksi kuin käsivoimalla saadaan aikaan, ja että sen pinta pudottua kiveä vastaan litistyy vähän tasaiseksi laviammalta kiveen kiinni käymään, kuin hiljaisella painolla, jospa väkevämpikin olis. Mutta ainoastansa se paikka nokeentuu joka kiinni käypi. (katso 3.)

11. Mintähden tarvitaan voimaa erottamaan kahta oikein siliäksi ja tasaiseksi hivutettua metalli pelliä (tallaa) kuin ovat toinen toisen päällä pantuna ja yhteen painettuna?

Sentähden, että pellien, eli tallain, vastuksin tulevaiset pinnat ja paikat sileydellänsä pääsevät niin likeelle toisiansa, että niiden täytyy totella hivuskiinnityksen luonnollista lakia (katso 4.)

12. Mintähden on vaikea erottaa kahta Lasipelliä, jotka, jonkun märkyyden kanssa välissä, pannaan toinen toisen päälle?

Sentähden, että Lasipellien pinnassa olevaiset huokoiset eli kuopanteet, joita paljain silmin ei juuri saa näkyviinsäkään, menevät märkyyttä täyteen; jonkautta koossa pidännön voima saapi vallan märkyys osain ja senkautta vastusten olevain lasi pintojen päälle.

13. Mintähden pysyvät hienot umpelus neulat tasaisesti pantuna veden päällä, eivätkä kohta mene pohjaan?

Sentähden, että neulan paino on vähempi kuin veden koossa pysynnön vetovoima (katso III. 5.), jota sen siis tulee kantamaan. Vielä on veden päällys nähtävästi kuopanteella neulan alla, vaan ei päästä sitä putoamaan pohjaan, jollei joku liikunto saata vedenpintaa värähtämään ja siten epätasaiseksi.

14. Mintähden saadaan juoksevaiset kappaleet niin huokiasti erillensä ja katkemaan, että pisaroinakin vuotavat?

Sentähden, että niiden pienimmillä osilla (*particulæ*) on vähempi koossa pidäntöä kuin lujissa kappaleissa. (Sentähden juoksee märkyys vissiin putous määrään asti yhtenä Lankana, vain putous kiireen (katso IV. 2.) lisäys vetää langan poikki pisaroina putoamaan.)

15. Mintähden kastuu käsi veteen pistettynä, ja mintähden ei tartu elävä-hopia siihen?

Sentähden, että veden pienimmät osat (*particulæ*) hivuskiinnityksen kautta enämmin riippuvat kädessä kiinni kuin keskenänsä. Mutta elävän-hopian pienennöt riippuvat keskenänsä kiintiämmin.

16. Mintähden on veden pinta lasi- ja puuastiassa alakupuva eli kovera (*concava*)?

Sentähden, että astian laidoissa vaikuttava puoleen veto vetää aina lähemmäiset märkyys-osaiset puoleensa, ja nämät vielä toisia ikäänsä kuin koossa pysymisen mukaan, niin että laitaa vasten nousee vesi ja moni muu märkyys korkiammalle kuin astian keskellä.

17. Mintähden on elävänhopian pinta lasiastiassa yläkupuva, ymmyriäinen eli kupera (*convexa*)?

Sentähden, että sulanakin ollessansa elävänhopian osaiset (*particulæ*) enemmän tottelevat keskenäistä puoleen vetoa ja koossa pidäntöä kuin lasin vetoa. – Mutta jos elävää-hopiaa pannaan kultaiseen, hopiaiseen taikka tinaseen astiaan, niin tulee sen pinta alakupuvaksi eli koveraksi (*fit concava*) sentähden, että laidat vetävät puoleensa äärimmäisiä osaisia, ja net taasen kokoavat lähimmäisiänsä. j. n. e.

18. Mintähden seisoo vesi hivus hienoissa pillissä korkeammalla kuin astiassa niiden ulkoympärillä?

Sentähden, että vesi alussa vetäyntyy kastamaan pillin laitoja, sitte koossa pysynnöllänsä pyytää keskikohtaa laitain tasalle, siitä vetää taasen kastanto (*attractio capillaris*) ylemmäksi ja koossa pysyntö (*cohæsio*) vielä vieläkin tasaiseksi, siihen asti kuin hyvin hienoissa yhteen sidotuissa pilleissä ja niiden välimissä joutuu paljoakin korkeammalla kuin astiassa. (Tästä syystä imeksen vesi hietaan, niin että hieta-koon päällä olevassa kuopassa vesi taitaa olla kappaletta ylempänä kuin vieressä. Näin käy esimerkiksi Porissa kirstin rannalla.)

19. Mintähden seisoo elävä-hopia tämänlaisissa pilleissä alempana kuin ympärys-astiassa?

Sentähden, että elävän-hopian koossa-pysyntö on vahvempi kuin lasin puoleensa veto.

20. Mintähden ei tule kannusta viinan väkeä (*Sprit*) ja toisesta vettä sekoitettuna sinne päinkään kahta kannua?

Sentähden, että nämät märkyydet eivät kumpainen-kaan ole täysi tiviöitä kappaleita, vaan tunkeuvat toinen toisensa huokoisiin eli välimiin (*pori*), ni-mittäin: viinan väki veden, ja vesi viinan väen huo-koisiin. Tästä tulee etteivät ota niin paljoa tilaa kuin erillänsä ollessa; mutta täyttävät sen täydemmäksi (katso 6.)

21. Mintähden taitaan halasta kallion kappaleet puuvaajoilla, jotka kuivana sen reikiin ajetaan ja sitte vedellä kastellaan?

Sentähden, että puun huokoiset juurikuin imevät veden sisällensä josta puu paisuu siksi, että voittaa kallion koossa pysyntö voiman.

22. Mintähden taitaan yhdellä jyvän verralla karmin nimisellä punapaineella muuttaa koko tynnyrin täyden vettä punaiseksi, taikka sapramilla (*crocus*) keltaiseksi?

Sentähden, että karmini, erinomaisella jakauvaisuudellansa, vedessä sulaa niin äärettömiin osaisiin, että jokainen pieninkin osa veden paljouudesta saapi osa-murunsa paineen ainetta ja sen vuoksi näyttää punaiselta (katso 7.)

23. Mintähden täytyy hevoisten voimakkaammasti vetää ennen kuin saavat raskaalla kuormalla painavaiset vankkurit alaltansa liikkeelle, kuin he kuitenkin sen liikkeellen saatuna keviästi kuljettavat?

Sentähden, että hevoisten ensin täytyy voittaa sekä kuorman painon, että siinä yhdessä pysynnön sitkeyden; mutta kerran liikkeelle saatua eivät tarvitse voittaa muuta kuin napain ja tien hierännön.

24. Mintähden nojahtavat kaikki vaunuissa olevaiset ihmiset eteenpäin jos vaunut kiireestä kulusta yhtäkkiä seisahtavat?

Sentähden, että liikunnolla niin hyvin kuin paikallansa olemisella on hänen pysyväisyydensä (*perseverantia*).

25. Mintähden nojaavat ihmiset eteenpäin mäkeä ylöskiivetessä?

Sentähden, että näin pitääksensä painokesken jal-
kainsa kohdalla, taikka että painolinia, se on linia,
joka ruumiin painokeskestä vedetään maapallon
keskeä kohden, tulis juoksemaan jalkain välitse,
vaan ei taitse, sillä näin vetäisi oma paino ihmisen
kumoon seljällensä. (katso 7.)

26. Mintähden täytyy ihmisen oikialla olaalla jo-
tain kantaissansa vetää ruumiinsa vasemmallen
puolellen?

Sentähden, että kannettava paino lisää ruumiin pai-
noa, ja yhteen luettavana senkanssa muuttaa paino-
kesken puolellensa, ainoasti oikian jalan päälle no-
jaamaan. Mutta kuin sanottu painokeski on paras
totutulla tavalla kannettaa ruumiin kesken koh-
dalla, niin vetäyy ihminen itsessänsä toiseen puo-
leen.

27. Mintähden on korkia kuorma pikaisempi kaa-
tumaan kuin matala?

Sentähden, että sen painokeski P on korkiammalla
eli etempänä maasta, ja näin siitä maan keskeä koh-
den vedetty painopiirro vähemmällä kallistuksella
joutuu ulkopuolelle aluspitimiä a b ja c d. Tästä
tuule myös että reki pysyy paremmin pystössä kuin
pyörävärkit.

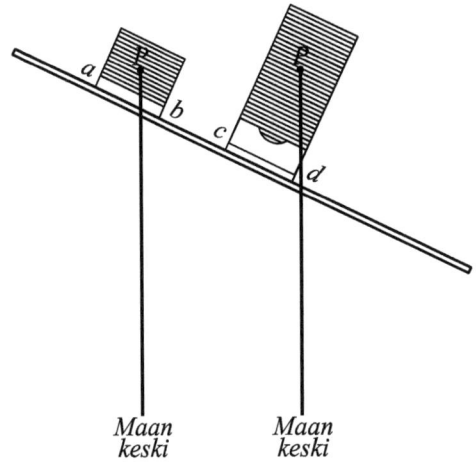

Maan keski   *Maan keski*

II Luku.

Ilmasta, Äänestä j. m.

Johdatus.

1. Se näkymätöin, juokseva *a*) ainet, jota henkitämme, ja jossa alinomaa liikumme, kutsutaan Ilmaksi. Ilma on ympärillämme vissiin korkeuuteen asti maan pinnasta eli päällyksestä ja sopii senvuoksi kutsuttaa ilmapiiriksi (*ατμοσφαιρα*, ilmasavu- henki-pallo.)

2. Ilma on jo kauvan nähtynnä epäilemätä olevan kappalet; sillä – paitsi Luonnon suurita näytöksitä – viuhunki tai siiven heilutantoon ottaa se vastaan ja sillä liikutettuna tulee tuulena kasvoihin virvottamaan, taikka lähtee tuleen sytyttämään. Pieniä kappaleita saadaan kumoon ainoasti henkeä puhaltamalla. Ilma liikkuu tuulena ja pitää kulkevaista vastaan, taikka välittäin viepi lakit, hilkut (*πεπλοι*) ja vielä takitkin myötänsä. Sanalla sanoin, kaikki, kuin ilmoittaa vaikuttavia voimia ja taitaan punnittaa, kutsutaan kappaleiksi.

3. Me käsitämme ilmapiirin makaavan ikänsä kuin kerrottain, yhden kerran toisen päällä. Siitä seuraa, että alemmaiset painuvat ja litistyvät ylemmäisten eli päällemäisten alla, josta ilma maata likeellä on

tihiämpi ja raskaampi kuin korkeammalla eli etempänä maasta. *b*)

4. Ilma on kappalet erinäisistä aineista kokoonpantu, hieno, kokoonpainuva ja poukolla eli joustain paisuva (*elasticum corpus*), läpinäkyvä ja painonsa ilmoittava (*ponderabile*).

Kokoonpantu on ilma kahdesta pääaineesta, *c*) jotka kumpikin ilman tavalla juoksevat ja kutsutaan kaasuiksi (*gas*), nimittäin Happo ja Tuko, *d*) niin että 100 osaa tavallista ilmaa pitävät kooltansa Happokaasua 21 osaa ja Tukokaasua 79 osaa. Päälliseksi on ilmassa joku vähä Hiili- eli Sysihappo-kaasua, Märkö-kaasua j. n. e.

Happokaasu (jonka paino ilman suhteen on niin kuin 17: 16.) on se ainet ilmassa, jonkautta se tulee kelvolliseksi hengen vedolle ja tulen palolle, ja kutsutaan myös sentähden henki-ilmaksi, elo-ilmaksi ja tuli-ilmaksi. Mutta yksinänsä tulis se liian väkeväksi hengittää ja hävittäisi pian meidän hengittimemme *e*) (keuhkot eli tävyt), ja sytyttäisi tuleen monta kappaletta, jotka nyt eivät pala. Juurikuin helpottamaan Happoaineen ankaruutta on sen sekaan pantuna likimain 4 sen vertaa Tukokaasua. Tätä jälkeen nimitettyä yksinänsä ja paljaltansa ei taida mikään elävä hengittää eikä siinä pala valkia, vaan molemmat tukahtuvat, josta nimikin on tehty. Tukokaasu (*gas azoticum*) on keviämpi kuin tavallinen ilma.

Hiilihappoa tulee juomain käymisestä, palamisesta ja monesta muusta syystä. Se on vielä tukahuttavampi kuin Tuko. Raskaampi kuin muu ilma, tahtoo se enämmin pysyä alhaisimpana. Maan sisässä on sitä paljo ja vuorimiehet eli kallionkaivajat kutsuvat sitä pahaksi ilmaksi. Sitä lähtee myös usiaista terveyyden lähteistä eli hetteistä, muutamista vielä kihinällä ja porinalla.

Märkökaasua saadaan jos vesi-höyryä johdatetaan tulikuuman raudan läpi. Se on hengen vedolle vahingollinen ja 14 kertaa keviämpi kuin ilma.

5. Ilma on vielä hieno, sillä se tungeksen kappalien pienimpiin poreisiin eli huokoisiin (*pori*). Eläimet ovat sitä täynnä ja kivetkin ja maanlaadut pitävät sitä sisällänsä jonkun määrän.

6. Poukkova eli Joustava (I. Luv. 3.)

7. Paisuva eli laveneva (harvenemalla); sillä se taitaan harventaa ottamaan lukemattomia kertoja suuremman tilan kuin ennen. *f*) Tämä tapahtuu tulen ja kuumuuden kautta; mutta kylmässä vetäyy se kokoon eli juurikuin pakkauntuu tihiämmäksi, ja tämmöisestä ilman paisumisesta ja kokoon vetäymisestä tulevat suurimman osan tuuletkin.

8. Läpinäkyvä; sillä valo pääsee sen läpi. Ilman paljouus kuin on kahden kappaleen välillä ei estä niitä näkymästä toista toiseensa.

9. Painon ilmoittava. 1 kubikjalka (se on puolta kyynärää pitkä leveä ja syvä, kahdeksan nurkkanen, kaksitoista särmänen ja kuusi tahkulainen tila) painaa täynnänsä 2⅕ Ruotsin luotia, ja on siis likimaillen 900 kertaa keviämpi kuin samainen mitta puhdasta vettä.

Tämän luonnon päälle perustavat itsensä.

10. Barometer (ilma piirin painomitta). Tämä konet on 30 peukalon (tuuman) paikoin pitkä lasi-putki eli lasi-torvi, jonka toinen pää on umpeen sulattu. Avonaisesta päästä täytetään tämä pitkä ja pieni astia elävällä hopialla, sitte pidetään sekin sormella ummessa ja asetetaan seisomaan aivan alaspäin, pienoseen astiaan, jossa on myöskin elävää-hopiaa, johon se jonkun vähän pistetään sisälle. Sormen pois otettua juoksee joku osa elävää-hopiaa putkesta, pillistä, ulos, mutt' ei enämpätä kuin että se ainakin putkessa seisoo 25½ peukalon paikoillen ylempänä kuin alaisessa astiassa, jos pilli on aivan pystyssä (verticalis), mutta jos kallellensa asetetaan, niin höykähtää elävä-hopia aivan ylä-päähän ja pohjaan saakka, ja vielä särkeekin sen jos äkkiä heilutetaan. Ala-astia tarvitaan olemaan niin toimitettu, että putken pää aina tulee olemaan siinä elävän hopian sisällä ja toimitetaan niin umpinaiseksi, ettei elävä-hopia siitä pääse ulos juoksemaan jollei putki katkene tai särkyne.

Ennen pidettiin ala astiat puusta, mutta sitte on ru-
vettu kääntämään lasiputken alapäätä ylöspäin, pu-
haltamaan siiheen avarempi astia, johon putkesta
laskeuva elävä-hopia mahtuu, eli sopii ja sekin sul-
kemaan niin ettei elävä-hopia pystyssä seisoen ja
vähän kallistellen pois juoksemaan pääse; mutta il-
man paino aina tulee itsensä ilmoittamaan.

Ilman paino ilmoittaa itsensä sillä tavalla, että
elävä-hopia nousee putkessa korkeammalle silloin
kuin ulkoilma painaa enämmän, ja laskeuu alem-
maksi, jolloin ilma painaa vähemmän. Kuin putken
ylinen umpipää eli perä on aivan tyhjä ja ilman pai-
nota, niin pääsee elävä-hopia niin ylös kuin ul-
koima alaastian päällen painaa, ja tämä taitaan lu-
kea peukalottain (tuumittain) alaastian pinnasta
niin elävän hopian seisontoon putken ylipäässä.

Koska semmoinen astia ei ole itseksensä hyvä
koossa pysymään, niin asetetaan se kintiästi seiso-
maan kapean lautakappaleen päällä, ja ylipään koh-
taan istutetaan taulu, joka pitää oleman niin mitat-
tuna, että siinä aina saadaan nähdä peukaloluku
alaastiasta ylipäähän, taikka elävän hopian pinnasta
kumpaisessakin. *g)*

Sanottu peukaloluku näyttää tarkoin ilmanpainon,
koska elävän hopian paino on tietty, sillä sen verran
ilma sitä nostaa kuin se painaa alaastiassa olevan
pinnan päälle.

Silloin kuin ilma on painavampi nousee elävä-hopia putkessa ylemmäksi; mutta kuin ilma tulee vähemmän painavaksi laskeuu elävä-hopia e. h. alemmaksi siihen asti että ilman paino alaastian päälle tulee tasallen putkessa olevan elävän hopian painon kanssa. Tästä sanotaan Barometerin nousevan ja laskeuvan. On myöskin merkittynä ilman (säiden) laatuja korkealla ja matalalla seisovan ilmapainomittarin aikana, jontähden sitä pidetään ilmain ennustajana. Sen vain tunnen ruumiissani, että mitä korkeammalla seison sitä parempi on minunkin ollani, mutta mitä alempana, sitä vaikeampi on vanhan elää.

11. Ilman tyhjennyskonet, eli kapinet (*antlia pneumatica*) jolla hengen pitävästä astiasta kaikki ilma saadaan ulos vedetyksi. Tämä vetoastia eli pumppu on metallinen putki eli torvi joka aivan visusti kiinnitetään tyhjettävän astian suulle, siinä putken suussa on palkeen kieli estämässä, ettei ilma uudellansa astiaan sisällen pääse, mutta vain ulos. Putkessa tihiästi juoksevassa männässä on myös ulospäin päästävä palkeen kieli joka aukenee mäntää sisälle painaissa, mutta painuu umpeen ja vetää ulos kaiken ilman putkesta johon toisen palkeenkielen kautta astiasta siaan juoksee, kuitenkin aina vähempi jokaisella vetämällä, siksi että astiassa oleva ilma harvenee niin ettei voi nostaa palkeen kieltä *h*). Vieressä olevassa kuvassa on *B* tyhjättävä astia, *A* vetoputki *C*, männän varsi, *a* palkeen kieli männässä ja *b* samanlainen putken alasuussa, joka

tyhjättävän astian-suuta vastaan usiammalla tavalla taitaan kiinnittää *k*) astian suuhun olen kuvaillut poikistulpan *c* (kran) jonka reikä väännetään pitkin astian suuta silloin kuin ilmaa ulos taikka sisälle päästetään mutta poikki, eli lai-toja vastaan silloin kuin tahdo-taan pitää, niin kuin nytkin nä-kyy olevan, sillä muutoin eivät taitaisi molemmat palkeen kie-let yhtaikaa seisoa avonaissa. Tällä keinolla on se etu, että as-tia taitaan päästää irti veto-vär-kistä (pumpusta) niin tyhjänä kuin saada taitaan, ja siihen il-maa päästää koska tahdotaan. Vielä olen kokenut kuvailla koetus astian kahdeksi pallo-puoliskaksi, jotka hyvin sovi-tettuna eivät väliten päästäk il-maa sisällen, tätä saadaan sitte punnita, ja tämän kanssa voi-miakin koettella, jos vahva kahva kumpaisenkin puolen keskikohdalle juotetaan.

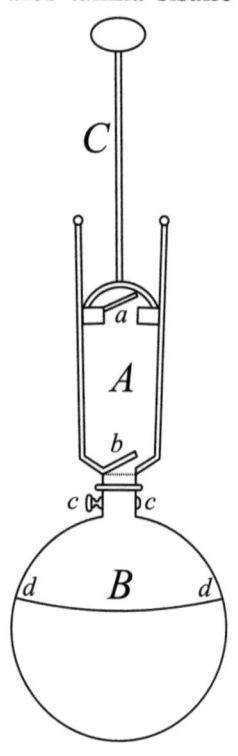

12. Imetin, eli veto-, eli Juoksutus-pilli (*Siphon*) pi-detään kahtalainen: *a*) nosto-pilli, joka, märkyy-teen pistettynä juoksee sitä täyteen ja puhaltaa ulos ilman yläsuusta, mutta pitää märkyyden sisässänsä tippuakaan päästämätä, niin pian kuin yläsuu sor-mella painetaan hyvin kiinni – . Tämä astia saapi

olla keskeltä avarampi ja jonkun määrä-vedon ve-
täväkin, jos vain suut ovat kohtuullisen pienet ja
hyvin tasaiset. *b*) Lasku-pilli eli -huilu, joka saa-
daan kaikenlaisesta putkesta, kuin vain keskeltä
koukistetaan, toinen suu asetetaan märkyyteen, toi-
sesta imetään putki täyteen ja ummessa pitäen las-
ketaan alla olevaan astiaan. Niin kauvan kuin ulko-
haara ulottuu alemmaksi kuin märkyyden pinta sisä
haarassa, niin juoksee määrkyys sillä paino-vauh-
killa eli putous-pohtilla, kuin tämä korkeuden
eroitus antaa; sillä ilman paino on yksi, jos tämän-
lainen lasku-pilli on ylös taikka alas suuten, kum-
paistakin suuta kohtaan, mutta niin pian kuin toi-
sessa on märkyyttä ylempänä, niin painaa se enäm-
män kuin ilma, joka painaa molemmin puolin, eikä
anna märkyyden katketa, jos vain pilli on hengen
pitävä.

Mintähden ja Sentähden.

13. Mintähden laskeuu Barometeri korkealle vuo-
relle tai tunturille noustessa?

Sentähden, että sitä myöden kuin ylemmäksi jou-
dutaan, olkoon kiipeämällä, tai hörypallolla *l*) len-
tämällä, sitä myöden tulee ilma keviämmäksi ja vä-
hemmän painavaksi elävän hopian ulkopinnan
päälle. *m*)

14. Mintähden laskeuu Barometeri sateisella sääl-
lä?

Sentähden, että vesi höyry ja märkö-kaasu tunkeu-
vat päälle olevaan ilmaan, joka senkautta tulee ke-
viämmäksi ja painaa vähemmän ulko- eli ala asti-
assa olevan elävän hopian päälle.

15. Mintähden tuntuu jotain vastaan ottavan, jos
juomalasi tasasesti alasuiten veteen painetaan?

Sentähden, että lasissa sisällä oleva ilma on ke-
viämpi kuin vesi, eikä pääse muutoin ulos kuin la-
sin kallistamalla. Ilma tosin painuu ulkoilman ja
veden painamalla vähempään tilaan, mutta pitää
aina tilansa ylipuolella jos ei läikytettäne, tai kallis-
tettane.

16. Mintähden kuivaa ilma (ahava) puut ja muutkin
kostiat aineet joihin se estettömästi saapi koskea?

Sentähden, että ilma (ahava), sienen tavalla särpää
eli vetää puoleensa niissä olevaiset vesiaineet; kui-
tenkaan ei kuivemmaksi kuin ilma itsessänsä on.

17. Mintähden painaa eli rasittaa meitä aivan läm-
pimällä ilmalla ja ukkoisen ilman lähestyessä?

Sentähden, että ulkoilma kuumuudelta harvennet-
tuna ja kevitettynä ei painak tarpeeksi tasan ruu-
missa olevaa sisäilmaa vastaan, ja tämä epäpaino
tekee elämän raskaaksi.

18. Mintähden särkyy useinkin kudonnolla päällistetty littiä lakkari-kasi imemällä siitä särpäin?

Sentähden, että ilman paino ulkopuolelta voittaa astian kuoren koossa pysynnön (*cohaæsio*) koska sisästä sekä ilma että märkyys, sanalla sanoen, kaikki vastus on otettu pois.

19. Mintähden on alhaisella keviämpi hengen veto kuin kovin korkioilla paikoilla?

Sentähden, että ilma ylikertoien painamalla on tihiämpi kuin ylempänä, ja jo senkin vuoksi paremmin täyttää hengittävän keuhkot, ja päälliseksi, ulkoilman painon vähettyä, painaa ruumiissa oleva ilma ulospäin, niin että verikin lähtee ihon hikihuokosista, ja vielä hengetintenkin varasta.

20. Mintähden kaksi vaskesta takoomalla tehtyä tarkoin puolipalloista (*semisphaerae*) ja visusti yhteen sovitettuna kyynärän läpimitan avaruudesta, pitävät ne niin lujasti yhdessä, ettei 24:kään hevoisen voima saa niitä erillensä?

Sentähden, että kumpaisenkin puolipallon päällen painaa ilma 27,855½ naulan painolla, jos vain ilman sisäpuolelta vastava paino vetimellä, eli ilman tyhjennys kapineella, eli koneella on kaiketi ulossaatu. (*n & o*)

Muisteltava: jokaisen nelisnurkkaisen kymmenes peukalon ruutun päälle painaa ilma lähimmäksi 21 naulaa.

Vielä: vesi on 800:dan ja 900:dan välillä raskaampi kuin ilma, ja elävä-hopia 14 kertaa raskaampi kuin vesi. 1) pystyssä seisova vesipilari 35 jalan korkeudesta, vastaa yhden laveaa ilman painoa. 2) Samaiten seisova 25 peukaloa korkia elävän-hopian patsas.

21. Mintähden paisuu tyhjän näköinen rakko senlaisessa astiassa, josta ilma tyhjätään?

Sentähden, että ulkoilmalta tulevan painon vähetessä paisuu sisällä oleva ilma sitä myöden kuin ulkoinen harvenee; taitaisi vielä kohtuullinen rakko nostaa ½ Leiv.

22. Mintähden särkyy ilmatäysinen, hyvin tulpattu, ohutkuorinen lasiastia ilmatyhjässä paikassa?

Sentähden, että mitään ei ole ulkopuolella vastaamassa sisällä olevan ilman poukko-, eli jousto-ponnistusta vastaan.

23. Mintähden, jos munan alapuolelle pistetään pieni reikä ja muna asetetaan juomalasiin, – mintähden juoksee muna tyhjäksi jos lasista ilma pumputaan ulos?

Sentähden, että munan sisässä on ilmaa, joka ke-
vyydensä vuoksi pysyy päällä päin ja paisuu sitä
myöden kuin ulkoinen paino vähenee, ja näin pai-
sunnollansa (ajaa) pakottaa kaiken munassa olevan
raskaamman aineen ulos reijästä.

24. Mintähden tulee vanha rypistynyt omena il-
masta tyhjätyssä astiassa pulskian näköiseksi?

Sentähden, että omenan kuoren sisässä oleva ilma
ulkoilman päällyspainon vähettyä, turpuaa, eli pai-
suu ja näin venyttää rypyt tasaisiksi.

25. Mintähden rätisevät kahveet polttaissa (paah-
taissa) ja herneet paistaissa?

Sentähden, että niiden kuori pitää vastaan sisällä
olevaa ilmaa joka paisuu kuumuudesta yhtaikaa
kuin ulkoilma harvenee vastaanpitämättömäksi,
josta kuori ratkiaa.

26. Mintähden pulputtaa viina ja muu märkyys ra-
tissa (*in infundibulo*) astiaan kaadettaissa?

Sentähden, että ratin (*infundibuli*) juoksutorvi
(-huilu) aivan tarkoin täyttää astian suun ettei ilma
ulkopuolelta pääse pakenemaan sitä myöden kuin
sisälle juokseva märkyys sitä suuremmalla painol-
lansa ulospakottaa tilan vähentämisellä.

27. Mintähden nousee savu tulesta (palavasta valkiasta) ylöspäin?

Sentähden, että tulen (valkian) kuumuudesta turpuva, harveneva, ja näin kevenevä ilma on raskaamman ulkoilman painolla nouseva ylemmäksi, ja myötänsä nostaa tulelta eroitetut aineet, jotka puoleen vedolla (*adhæsione*) siihen vielä tarttuvatkin, lentämään ylöspäin, vaikka itsestänsä ovat raskaammat kuin ilma. –

(Tästä seuraa *a*) Tulipalo nostaa aina tuulen ympäriltä puoleensa, sentähden, että tulelta kuumennettu ilma on keviämpi kuin ympäri oleva joka alapuolelta juoksee tuulena toisen siaan.

b) Talo- ja kylä-paikkojen lähestöllä on lumi kevään tullessa harmaampi ja mustempi kuin aavoilla autioilla tai korkeassa ja vahvassa metsässä; sillä noki joka savuna nousee, ei jaksa jähtyneenä kulkea aivan kauvas ennen kuin putoaa maahan.)

28. Mintähden tulee muutamista takoista ja muista tulisioista savu sisälle?

Sentähden, a) että huonet on niin hyvin varustettu että ulkoilma ei pääse sisälle palavalla kuumuudella kevitetyn ja ylösnousevaisen siaan, mutta tämä vika paranee kohta jos ovea raotetaan; *b*) että savutorvi on ahtaampi kuin että savun paljouus sopisi huokiasti siitä juoksemaan – tämä vika paranee

sitä myöden kuin valkia virkenee ja hiilottuu, kuin
myös savutorven seinät kuumenevat hohtamallansa
kuumentamaan ja myös kevittämään nousevaa sau-
vuista ilmaa; *c*) että savutorvi on liian avara että
kylmä ilma taitaa sekä ylhältä että alhalta juosta
ulospyrkivän tuliilman sekaan ja ennen aikaansa
jähdyttä sen.

29. Mintähden kuolevat kalat, jos umpinainen
lampi tai kalakaivo jäätyy aivan umpeen?

Sentähden, että ilma, jota hekin elämiseksensä tar-
vitsevat, jään kautta tulee ulossuljetuksi. Tätä var-
ten tarvitaan hakata muutamia reikiä jään läpi.

30. Mintähden ei pidä hukkuneiden päätä panta-
man alaspäin?

Sentähden, ettei sisälle juosnut vesi heitä näännytä,
vaan ilman puutos pikemmin tukahuttaa; jos siis
pää lasketaan alaspäin, niin painuu veren paljouus
aivuin päälle ja sammuttaa viimeisenkin hengen ki-
pinän. Näitä henkiin herättämään tarvitaan kokea
saada veri uudellensa liikkeelle, peittää heitä läm-
pimillä vaatteilla, ja niin pian kuin joudutaan, läm-
pimällä hiedalla taikka tuhvalla. Jalka pohjia harja-
taan; haaleasta viinasta taikka tupakin liemestä
pannaan lavemanki; suuhun ja sieramiin puhalle-
taan henkeä suulla, ja ennen kaikkia asetetaan luon-
nolliseen tilaan (asentoon).

31. Mintähden ei taida kynttilä palaa kellarissa, joka on täynnä käyväistä olutta taikka viiniä?

Sentähden, että niistä lähtevä eli nouseva hiiliha-pon kaasu on yhtä kelvotoin tulen palamiseen kuin hengen vetoonkin ja elämän ylöspidäntöön. Jos joku ihminen pistä nenänsä käyvän viini-astian suulle, niin menee hän kohta hengettömäksi ja var-sin virkoamattomaksi niin kuin monta surkutelta-vaa tapausta näyttävät.

32. Mintähden palaa valkia niin iloisesti kovalla pakkaisella?

Sentähden, että ilma silloin on tihiämpi ja senkautta viepi enemmän happoa eli tuliilmaa valkiaan.

33. Mintähden sammuu valkia kesäisen auringon paisteessa?

Sentähden, että ilma auringon paisteelta harvennet-tuna ei anna tarpeeksi tulen-ilmaa eli happokaasua.

34. Mintähden tukahtuu valkia kaminissa (kakel-unissa) jos ovet ja pelli visusti suljetaan?

Sentähden, että ilmasta kuluu happo tulen ylöspitä-miseksi, jontähden, tarvitaan ilman alinomainen muutos uutta happoa tuomaan kuluneen siaan jos mielii valkian vireellä pysyä. Mutta kuin reijät ovat tarkoin ummessa niin ei taida tämmöinen muutos tapahtua, jontähden kaminiin jääpi ainoasti tukoa josta tuli tukahtuu ja hiilihappoa savusta joka on vielä ankarampi läkähdyttämään valkian.

35. Mintähden taitaan vahvalla puhaltamalla sammuttaa kynttilä?

Sentähden, että 1) puhaltamalla liekin osat eroitetaan keskenänsä ja siitä kappaleesta josta he lähtevät; – 2) jähtyy kynttilän sydän niin että paloon valmiit kaasuna eli höyrynä nousevaiset aineet eivät jaksa nousta sen lämpimällä. – Mutta jos karsi on vähänkin pitkä, niin pitää se niin paljo kuumuutta hiili-aineessansa, että se vieläkin alkaa kytömään (suitsumaan) ja taitavalla puhaltamalla saadaan uudellensa palamaan. – Kaminissa taitaa kyllä myös voimallisella puhaltamisella saada joku puunkylki liekittömäksi, mutta se kiihtyy pian sitä paremmin palamaan.

36. Mintähden säkenöivät välittäin tulikipinät rätinällä ja paukkinalla palavasta halvosta?

Sentähden, että ilma puun huokoisissa päällyksen hiiltyissä ulkokuumuudesta paisuu voittamaan hiiltyvän päällyksen, jonka se sitte yhtäkkiä paukkinalla ratkaisee jonkun matkan päähän lentämään. *p*)

37. Mintähden pirisee, porisee ja kirpilöitsee vesi vähää ennen kuin kiehumaan rupeaa?

Sentähden, että vedessä on ilmaa, ja tämä ilma aivan pienissä osissa, ja kuin he ovat keviämmät vettä niin täytyy niiden esinnä ruveta nousemaan, ja noustessansa voittaa veden koossa pysynnön (*cohæsio*), ja päälle pästyänsä pienoisena rakkona ratketa kokonsa mukaisella paukauksella: – Vesi lämpenee keittäissä ensin pohjasta, jontähden ilmarakkoiset alhalta noustessansa vielä tulevat kylmempään vesikertaan, jossa pienellä piuauksella painuvat entiseen arvaamattomasti pieneen tilaansa, yhdistyvät keskenänsä j. n. e. Vielä on näiden ilmaosaisten kansa yhdistettynä kaikenlaisia vedestä löytyviä vieraita aineita, jotka nousevat niiden kautta kevitettynä ylös, josta kirpilöimisen aikana tavallisesti on veden päällä enämpi rapuskaa kuin oikein kiehumaan ruvettua.

38. Mintähden tarttuu hiki eli löyly pisaroina padan ja kattilan kanteen märkyyden lämmitessä ja kiehuissa?

Sentähden, että märkyys kiehuissansa muuttaa olento laatunsa (*forma aggregationis*) höyryksi, mutta vastassa olevaan kylmempään kanteen jättää niin paljo lämmintänsä, että suurin osa höyry-laadusta muuttuu pisaroina juoksevaksi ja tämmöisenä tarttuu kastavaksi sen kappaleen kylkeen joka lämpimen pois veti.

39. Mintähden tulevat vaatteet kostiaksi (*humescunt*) kauniilla kesä illalla ulkona käyskennellessä?

Sentähden, että päivän lämpimältä höyrynä ja ilmanakin nostetut märkyyden aineet jähtyissänsä kokoontuvat aivan sanomattoman pieniksi pisaroiksi, jotka tarttuvat kaikkiin puoleensa vetäviin kappaleisiin. Tästä tulee ehtoo- eli iltakastet.

40. Mintähden tulevat kukkaiset, ruohot ja lehdet suloisena suvisena yönä, taivaan vielä kirkkaana ollessa vesiherneillä peitetyksi?

Sentähden, että nekin päivän lämpimän vähettyä vähän jähtyvät ja näin ilmasta kokoavat puoleensa märkyyden höyryä ja vielä sentähden, että niistä lähtevä hiki (kastet) ei pääse yön vilummassa ilmassa niin henkenä lähtemään kuin päivän aikana, vaan antaa lämpimänsä ilmaan, ja jääpi kasteena siihen. – Tästä tulee aamukastet. – Mitä kuivempi ilma on, sitä enemmän vetää se märkyyttä ja senkansa lämmintä puoleensa, josta hyvin heliän päivän perästä taitaa yöhallakin tulla. – Tästä tulevat eroitettavaksi muutamain kasvien omituiset kasteet ja ruosteen märkyys viljoissa, joka tulee erinäisten itikkain elämästä.

41. Mintähden ei tule kastetta kasvihin eikä halla ole niin peljättävä, jos yön aikana tuulee taikka taivas on pilvessä?

Sentähden, että tuulena liikkuva ilma viepi höyryt myötänsä; ja pilvinen ilma on entisestä märkyyttä täynnä eikä imek enempää kasvien nestettä hiettimistä ulos. Kasvit saavat näin pitää lämpimänsä. – Tähän kuuluu myös se, että syyshallalta aratkin kasvit peittämällä saadaan suojatuksi.

42. Mintähden tulee toisinansa sekä puihin että muihin niin erinomattain korioita jääpalasia?

Sentähden, että ilmassa pieninä rakkoina olevaiset vesitomeet (*particulæ aquæ bullulas referentes*) vetäyvät kylmempiin kappaleisiin kiinni, päästävät niihin viimeisen lämpimensä, joka niitä piti sulana, ja näin hyytyvät ne neulaisiksi jotka vississä järjestyksessä tarttuvat esinnä jähdyttäviin kappaleisiin ja sitte toisiinsa kiinni. Tämä järjestys on tosin moninainen mutta aina erinomaisen ihana. Näin tulee härmä eli kuura kasteen siaan.

43. *a*) Mintähden nousee sumu eli Huuru?

Sentähden, että korkealla kalpistunut ilma laskeuu alhaisiin kostioihin eli märkiin kappaleisiin, jossa lähimmäinen ilmakerta on täynnä vesikaasua, ja ylimmäisen lämpimensä (*calor*) päästettyä tihkenee (*condensatur*) ennen nimitetyiksi vesirakkoisiksi, jotka paljouudellansa tulevat näkymään sillä että ilma tulee läpinäkymättömäksi. Auringon paistet hajottaapi sumun sillä, että se lämmittämällä taasen hajotta sanotut rakkoiset ilman tavalla juoksevaksi.

43. *b*) Mintähden näkyy hengen puhallus kylmässä ja ei lämpimässä, tyynessä paremmin kuin tuulessa?

Sentähden, 1) että hengessä ulospuhallettaissa on sangen paljo ilman tavalla juoksevaa vettä joka kylmässä päästää lämpimensä ja näin tihistyy, eli taajenee, sumun tavalla rakkoisiksi, jotka joukossa ja paksussa ollen näkyvät sillä, kuin ne estävät ilman läpinäkyväisyyttä. 2) että tuuli kylmänäkin ottaa vesihengen myötänsä paitsi sen olonlaatua muuttamata.

43. *c*) Mintähden tulee pitkällisen poudan ja kuuman sään aikana ilma niin savua täyteen että aurinkokin himentyy punottavaksi?

Sentähden, että kuumudelta kevenevä ilma nostaa myötänsä pienoisia kappaleita joissa sitä on, ja kukatiesi, kaikesta nousevasta savusta paloöljy (*oleum empyreumaticum*) jääpi enemmäksi ajaksi ilmaan, koska ei sadet sitä alastuo. Haiseepa tämä kamu eniten palaneelta turpeelta taikka piammasti pikihieltä.

44. *a*) Mintähden peittyvät pakkaisella akkunan lasiruutut sisuspuolelta jäällä?

Sentähden, että lasi ulkopakkaisesta jähtyy kylmemmäksi kuin huoneen sisä ilma, ja että sisä ilmassa olevasta vesiaineesta, joka nousee kaikesta

huoneessa olevasta märkyydestä, ihmisten hien-
nöstä ja hengestä j. n. e. lasia lähellen tulevaiset
osaiset kohta päästävät lämpimensä (*caloricum*),
muuttain olo-laatunsa jääneulaisiksi, jotka vissillä
järjestyksellä siihen asettuvat kuvailemaan ihmeel-
lisen ihanoita haamuja. Jos lasi ensin on ollunna
hiessä, niin hiki herneet kyllä jäätyvät siltänsä,
mutta niiden päälle jäätyvä kerta tulee sitä koream-
maksi.

44. *b*) Mintähden jäätyvät oven sarananaulat ja lu-
kut pakkaisella, mutt' ei oven puu-teos?

Sentähden, että rauta on vahvempi lämpimen joh-
dattaja (*ductor caloris*, ϑεϱμοφοϱοσ) kuin puu, ja
niinmuodoin paremmin vetää vesi-aineet puo-
leensa.

45. Mintähden eivät nouse kaikki pilvet yhtä kor-
kiallen?

Sentähden, että vesikaasu pääsee erikorkiallen en-
nen kuin kylmempi ilmakerta sen taajentaa sumun
eli höyryn laatuiseen oloon. Mutta mitä ylhäisem-
mässä ilmakerrassa tämä taajennus tapahtuu, sitä
keviämpänä tulee höyrykin pilvenä juoksemaan.

46. Mintähden antavat pilvet sadetta?

Sentähden, että yli ilmassa liikkuva kylmempi tuu-
len puuska ottaa eteen joutuvasta vesikaasusta

(*aqua gasiformi*) kaasuna pitävän lämpimen, ja
näin muuttaa ololaadun vesirakkoisiksi, sumun eli
huurun mukaan, samassa ajelee rakkoisia niin sinne
tänne, että ne tarttuvatten keskenänsä ja tarttuma
paikassa lisääntyy vesi-aineen koossa pidäntö
(*cohæsio*) niin, että se voittaa rakkoiskuoren koossa
pysynnön. Tästä pirahtavat molemmat rikki mutta
sanomattoman pieniksi vetenä putoamaan lähte-
viksi pisaraisiksi jotka putoillessansa särkevät aina
usiampia rakkoisia, ja vetävät myös toisia puo-
leensa. Mitä ylempää alku on, sitä myös kylmem-
mästä ilmakerrasta lähtevät pisaraiset, sitä suurem-
maksi joutuvat ne kokoontumaan ennen kuin maa-
han pääsevät, sitä myös luonnollisempi rakeen ra-
kennus lumen laatuisella sydämellä ja jäisellä kuo-
rella. (Prof. D:r Hällström Förelåsn. i naturkun-
nigh. åren 1815 & 1816.) Sadet puhdistaa ilman pi-
saraisten puoleensa vetämällä (*attractio capillaris*)
kaiken lähelle joutuvan pölytomeen, joka veden
painolla lisättynä puutoaa maata kohden johon jou-
tununna vesi virvottaa kuolluksissa olevaiset kui-
vettuneet kasvit.

47. Mintähden sanotaan jolloinkulloin sataneen
vertä, tulikiveä (rikkiä) tulta, Sammakkoja, kiviä
j. n. e.

Sentähden, että yksinkertaisuus ja tiedon vajavai-
suus useinkin estää ihmisiä tarkemmin tutkimasta
asioita perästä ja pohjasta pitäin, jonvuoksi he
usein ottavat ulkomuodon täyden toden verosta.

Punaisia pisaroita jättävät muutamat perhoset muu-
riseiniin kuoresta lähteissänsä; muutamissa rapa-
koissa on sakiana punaisia silminkin nähtäviä itik-
koja, mutta lieneekö kukaan totisella ja tiedon
päälle perustetulla tutkinnolla löytänyt vertä sa-
teena tulevissa pisaroissa?! Mutamain kasvien kuk-
katomet (*pollen*) niinkuin katajan, männyn, ja kuu-
sen, joiden uros- ja naaras-, eli emä-osat (neuvot)
eivät ole yhdessä kukassa (*dikliniæ*) pääsee myös
usein juuri sateen tuottavalla tuulella lentoon ja pai-
nuu pisarain kanssa maahan. – Jos sitä poltetaan
niin ei suinkaan tunnu tulikiveltä (rikiltä). Kesäisen
poudan polttaminen ajaa jo raajaniekat (jäsenikäi-
set) sammakot suurimmain lehtien ja pimeimmäin
pensasten alle suojaa ja virvotusta hakemaan, mutta
täältä lähtevät he sateen aikana virkeämmällä voi-
malla eloansa etsimään; kuivanneissa rapakoissa ja
ruopan sisässäkin nääntyneet nuijapäät luovat en-
simmäisen nahkansa ja muuttavat haamunsa siksi
kuin se onkin tuleva. Näin sammakkoja sateen jäl-
keen ilmestyy vaan ei niitä satamalla taivaasta tu-
lek. – Tulta tuleekin sateen kanssa vahvalla ukko-
sen ilmalla siitä, että veden kanssa pilvestä alas-
juokseva Sähkövoima (*electrcitas*) tulee säkenissä
eli kipinöissä näkyviin koska suuret vesipisarat ko-
via kappaleita kohdatessa särkyvät eli rikki mene-
vät. (Tämä ymmärretään paremmin sitte kuin sel-
vitetään tulesta ja sähköstä). – Kivisadet tulee jol-
loin kulloin ilmassa lentävistä tulipalloista jotka
hienon rätinän eli sähkinän ja kirkkaan paisteen

kanssa lentävät siksi kuin paukkinalla särkyvät ja
alastulevat palasina, joita ilman raanaksi kutsutaan.

48. Mintähden ovat vesi- eli pilvi-patsaat niin ko-
vin peljättäväiset erinomattain merellä?

Sentähden, että semmoinen kohinalla ja paljolla
pauhinalla lähestyvä pilvipatsas, laatujansa kuin
tuulispää ja muotoansa kuin kello, pyörii ympä-
rinsä ja vetää puoleensa kaikki mitä eteen tulee –
sillä pilvipatsas on honto (hoto, onsi) alhalta niin
kuin ratti, jota vastaan merivesi nousee senlaisen
torven sisälle; ja kaukaa jo kuultaan tämänlaisen
pilvipatsaan tullessa niinkuin myrskyisen meren
pauhina ja siinä yhdessä likkuva ukkoisen ilma.
Laiva joka eteen joutuu on välttämättömästi hu-
kassa. Senvuoksi koetaan, jos ei edestä poijes
päästä, ampuilla kohti kanuunilla, että jyräys siitä
saisi ilman toisenlaiseen liikuntoon, josta patsas
särkyy, sekä pilvi että merivesi putoavat yhtenä ve-
tenä alas josta meri vielä kauvas ympärille kovasti
lainehtii. Maalla kaatavat ja repivät tämänlaiset
tuulispäät puita ja huoneitakin, vielä vahvoja kivi-
rakennuksiakin.

49. Mintähden sataa rakeita sydän suvenkin ai-
kana?

Sentähden, että juuri kesä kuumuuden aikana ylhäi-
nen kylmä ilma-kerta sitä korkeammalla saapi ve-
sikaasun pilveksi, ja siinä olevaiset rakkoiset jää-

neulaisiksi, jotka alkukylmän kanssa pudotessa aina yhdistävät net vesirakkoiset, jot ovat edessä. Sentähden on rakeen sydän eniten lumen näköinen ja kuori tasaisempi jää, ja samasta syystä tulee useinkin monisydämisiä rakeita, suuria kuin pähkynöitä.

50. Mintähden tulee enempi sadetta maan päälle kuin korkeimmille kirkon katoille?

Sentähden, että vesipisaraiset pudotessansa ylimmistä jähtyneistä pilvistä tulevat alemmissa kuumemmissa aina maahan asti vetämään puoleensa ja yhdistämään vesikaasun ja sumu rakkoiset, josta ne aivan alasasti paisuvat; sillä ilma on täynnä vesikaasua, sitä paksummalta mitä lämpymämpi. Tästä tulee myös se, etteivät suuret vesipisarat sateessa putoa niin kovasti kuin luulis suuruuden suhteen.

51. Mintähden ei kesällä sada lunta?

Sentähden, että, vaikka arvattavasti yliilmassa sekä hyytyy lumineulaisia ja näitä yhdistyy hippeiksi, koska korkeimmilla vuorilla on alinomainen lumijäätikkä, niin eivät pääse nämät hippeenä maahan asti lämpimämmän ilmakerran läpi, vaan sulavat sadet-pisaroiksi taikka hyytyvät rakeiksi, jos hyvin kylmästä ylikerrasta tulevat.

52. Mintähden ei nouse vesi pumpuissa ylemmäksi kuin 35 jalkaa?

Sentähden, että 35 jalkaa korkea vesipatsas (vesipilari) on niin raskas kuin yhtä paksu ilmapatsas (se on, joka maapinnassa ottaa saman laveuuden, mutta ylettyy koko ilmapiirin korkeuteen), ja vesi ainoasti ulkoilman painolla nousee, koska männän nostamalla ilmaton ja näin painoton tila tulee männän ja veden välillä pumpputorvessa. Niinmuodoin, veden noustua siihen korkeuteen ei ole mitään kuin ajaisi sitä ylemmäksi, vaan se seisahtaa tässä tasapainoon ilman kanssa.

(Elävä-hopia, kuin on 14 kertaa raskaampi vettä, nousee sentähden 35/14 jalkaa, se on likimaillen 25 peukaloa (katso II. 10. Barometerista)).

53. Mintähden kannamme ruumiimme pinnalla eli koko ihollamme (joka tekee 14 ruutujalan paikoillen laveuutta) kaiken ilmapiirin painon, nousevan 29,400 naulaan, ilman tämän hirmuisen painon meitä myttyyn painamata, jaa, ilman sitä tuntematakaan?

Sentähden, että tämä paino painaa tasaisesti kaikkein ruumiin osain päälle, niinhyvin alhalta ylöspäin kuin ylhältäkin alaspäin. Muutoin painaa meidän ruumiissamme sisällä oleva ilma joustollansa ulkoilmaa vastaan, josta myös tulee että kivullaisia ja arkoja ihmisiä enemmän rasittaa ulkoilman painon vähetessä ja barometerin laskeutessa.

54. Mintähden lakkaa yhtäkkiä kellon tai muun soivan kappaleen helinä jos siiheen käsin kosketaan?

Sentähden, että helinä eli ääni tulee kappaleen tärinästä eli tutinasta, joka vaikuttaapi ilmassa yhdenlaisen tärisevän liikunnon aina meidän korvakalvoomme saakka, jossa sama liikunto vaikuttaa äänen eli helinän tunnon. Mutta jos koskemalla tärinä pidätetään niin loppuu ääni. (Suurten kelloin ääneen tämänlainen piteleminen ei tee juuri mitään, vaikka vähemmät siitä vaikeneevat. Heliseväisiä rauta puikkoja taitaan pitää muutamista paikoista kiinni ilman helinän lakkaamata, mutta äänen muuttamalla).

55. Mintähden ei taida haljennut kello pitää yhtäläistä tärinää ja antaa kaunista helinää?

Sentähden, että rako, eli halkiama juurikuin jakaa kappaleen kahdeksi osaksi, jotka kellon täristessä, kolkuttelevat eli pärisevät, toisiansa vastaan, ja tekevät toinen toisensa päälle samanlaisen vaikutuksen kuin pitäisi outo eli liika kappalet kellon kyljestä kiinni.

56. Mintähden taitavat muutamat äänellänsä särkeä juomalasin?

Sentähden, että nakutellen koeteltua sen helinän ääni- eli nuotti-korkoa, sitte huutavat siihen sisälle korkiammalla äänellä siksi kuin tärinän ylöllisyys eroittaa lasin osaiset niiden koossa pidännön voittamalla.

57. Mintähden taitaan näkyväin kappalien kauka arvata niiden paukkinasta, helinästä eli muusta äänestä?

Sentähden, ett' on havaittu äänen vapaassa ilmassa joutuvan 1,200 Ruotsin jalkaa (=600 kyynärää eli 200 syltää) yhden lerkkauksen (sekunnin) aikana. Jos esimerkiksi tulen (joka näkyy samassa silmän räpäyksessä) ja kanuunan paukauksen välillä kuluu 3 lerkkauksen aikaa, niin on kanuuna 600 syllän (3,600 jalan) päässä eli kaukana. Jos 10 lerkkauksen aikaa kuluu ukkoisen (pitkäisen) leimauksen ja jyrinän (jylinän) välillä; niin on ukkoisen pilvi 10 kertaa 1,200 jalan se on ⅓ osan peninkuuluman päässä.

Muistettava: valo joutuu sanomattomalla pikaisuudella nimittäin 28,900 peninkuulumaa yhden lerkkauksen aikana: tekee likimaillen ⅚ osaa maan ja kuun väliä eli etää.

58. Mintähden kertouu ääni muutamissa paikoissa kaksi ja usiammatkin kerrat?

Sentähden, että ilma, niin kuin kaikki muutkin joustavaiset kappaleet, poukahtaa takaisin vastassa olevista kappaleista, samati sen tärinä, josta tulee kaikku (*echo*). Jos tämä kaikun tärinä vielä kohtaa toisia vastassa olevia kappaleita niin kaikku uudistuu muutamissa paikoissa usiammat kerrat siksi kuin kajausten matka yhteen tekee niin paljon, kuin ääni yhtä suoraankin olis kuulununna. (Tämä taitaan saada näkyviin, jos korkialta riippuvan nuoran alaista päätä pudistetaan, niin nousee siitä värinä yläpäähän saakka ja palauu takaisin lähes samanlaisella tutinalla päähän asti. Jos tämäkin pää on lujasti kiinni, niin juoksee tärinä eli väret ylös ja alas usiammat kerrat päästä päähän, ja jos köysi on kohtuullisessa pinkoituksessa, niin kuuluu siitä joku jumina, josta tämä köyden tärinä näkyy olevan äänen tärinän mukainen).

59. Mintähden emme kuule yhtä ja samaa ääntä kahdesti vaikka meillä on kaksi korvaa?

Sentähden, että pärinän vaikutus meidän korvaimme päälle korvaliuteiden kautta yhdistyy meidän aivuissamme äänen tuntoa tekemään.

60. Mintähden heikenee kaikenlainen ääni etää eli kaukaa myöden?

Sentähden, että ääntävistä kappaleista lähtevä tärinä lähtee jokaiselle puolellen ympärinsä, jontähden se hajoo sitä enemmän mitä edemmäksi eli kauvemmaksi se tulee, sillä hajoaminen tekee heikenemisen siksi ettei sitä tunnukkaan.

Jos kivi pudotetaan tyyneen veteen, niin siitä nousevat aallot aivan ympärinsä ja heikenevät aaltorengasten suuretessa ja hajotessa viimmein tuntumattomiksi. Jos aaltoinen kohtaa kallion, näkyvässä liikunnossa vielä ollessansa, niin juurikuin poukahtaa aaltoinen takasin.

Tästä ovat muutamat päättyneet pitämään ilman äänitärinän aaltoamisena.

60. *b*) Mintähden kuuluu kaikenlainen ääni yöllä paremmin kuin päivällä, tyynellä paremmin kuin tuulella?

Sentähden, että päivällä on niin monta paukkinaa ja helinää, jotka luonnollisesti hämmentävät toinen toisensa tärinän juoksun, eli ilmaväreen, niin kuin tuulen vääreet vedellä pian hämmentävät kivestä nousevaiset väreet, eli aaltoiset tuntumattomiksi.

60. *c*) Mintähden kuuluu ääni suurella torvella kovemmin ja edemmäksi kuin ilman?

Sentähden, että torven laidat juurikuin pitävät ääniväreitä koossa, että tärinä poukkoo laidasta laitaan, joka niinkuin moninkertaisella kaikulla lisää äänen vahvuutta; ja, että ääniväreet pääsevät hajoamaan ainoasti torven suun puolellen.

60. *d*) Mintähden pitävät huonokuuloiset ihmiset kättä korvansa edessä taikka vielä hotosuisen torvenkin pientä päätä korvansa reijässä?

Sentähden, että näin kokoontuu enämpi ääniväreitä vaikuttamaan korvakalvon päälle, ja näin ääntä vahventamaan.

(Parisin kaupungin ympärillä olevaiset vedenjohdatustorvet eli putket taitaan yhdistää kahden peninkuuluman pituuteen, niin että päät ovat jotenkin lähellä toisiansa, ja tässä huilussa joutuu ääni päästää päähän pian ilman ajatta).

61. Mintähden vaeltavat matkustavaiset Sveitsin ja Tyrolin ahtaissa laaksoissa aivan ääneti ja panevat vielä hevoistensa tiuvutkin (kellotkin) umpeen?

Sentähden, että pilvikorkeilla tuntureilla alinomaa lisääntyvä lumijäätikkä on aivan herkeä ilman liikkumasta lähtemään liikkeellen, vyörymään ja vyöryessänsä kasvamaan sanomattoman suureksi palliksi, joka taitaa peittää koko kyläkunnat ja sulkea jonkunlaiset joet; mutta vähinkin ääni laakson pohjassa kasvaa kaikusta kallion seinistä moninkertaiseksi pauhinaksi josta keviä yliilma tulee luntaliikuttavaan liikuntoon. (katso 60 *c*)

62. Mintähden ei tuule aina yhtä vahvasti?

Sentähden, että tuuli tulee ilman epätasaisesta painosta eripaikoissa, tihiämpi ilma jouksee aina tuulena harvemman ja keviämmän siaan näin tasapainoa tekemään. Näin holahtaa vesi sangon (ämpärin) siaan koska se äkkiä ylös temmastaan. Ilman hareneminen ja keveneminen tulee monesta syystä: lämpimästä päivän paisteesta toisessa paikassa kuin toinen on pilvipeitteessä; Sähkö-voimasta; maneetista ja päälliseksi maan pyörinnöstä ympärinsä. Tuulen ankaruus tulee usiamman syyn yhdistyksestä ja yhdenkin äkkeämmästä vaikutuksesta. Kohtuullinen purje-tuuli juoksee 10 tai 16 jalkaa lerkkauksen aikana; Kova tuuli eli myrsky 40 tai 60 jalkaa; tuulispää ja vihuri 100:kin jalkaa.

62. *b*) Mintähden nousee kesällä, muutoin tyynellä ilmalla, meren ja suurten maavesien rannoilla tuulenhenki aamuina maalta merellen, ja iltoina mereltä maallen puhaltamaan?

Sentähden, että syvempi vesi vähemmän jähtyy höyryn nousemisesta yön aikana kuin maan pinta ja siinä olevaiset kappaleet, jontähden lämpimämmän veden päällä oleva ilmakerta kevenee ja nousee, maalta jähtyneemmän siaan juostessa. Ilalla taasen on maapinta kokopäiväisestä päivän lämpimästä ottanut enemmän kuin vesi, josta ilma maalla nousee ja vedenpäältä siaan juoksee. – Tämä on suurin hallain estet syväin vesien rannoilla.

63. Mintähden saapi tuuli myllyt pyörimään?

Sentähden, että siipi-tangot ovat niin kuin kanget vääntämään napaa, ja siivenportit eli laudat taikka purjeet, asetettuna kallellensa tuulta vastaan, joiden täytyy paeta tuulen painoa ja niin mennä ympärinsä.

64. Mintähden ovat tuulet ja myrskyt hyödylliset?

Sentähden, että ne puhdistavat ilman: liikunto on ilmalle, niinkuin vedellenkin, tarpeellinen pahenemista vastaan. Ne virvottavat ilman kuumuuden ja lievittävät kylmyyden, kylmemmän eli lämpimämmän ilman kuljettamalla toisista paikoista ja maista. Ne kuivavat maan, taikka tuovat sille nestettä pilvein ja sateen kaikkiallen levittämällä. – Ne hajottavat puiden ja muiden kasvien siemeniä ja johdattavat niiden kukka- eli siemenpölyä (*pollen*) uros-kukasta naaraseen; ne kuljettavat laivoja kaukaisiin maihin, auttain kauppaa ja tietojen hakua, pyörittävät tuulimyllyjä ja muita työlaitoksia; ne liikuttavat puita ja muita kasvia, jolla mehu eli nestet paremmin pääsee niihin nousemaan ja kasvua edestämään j. n. e.

Enimmästi nousee vesi näkymätöinnä kaasuna (*aqua gasiformis*) vesistä ja meristä, tullen pilveksi vasta ylä-ilmassa ja liikkuin tuulen kanssa maiden yli, antain sadetta aikanansa ja levittäin siunausta kaikille kuin elävät ja ovat. Näin monen hyödyn edestä pitivätkin vanhat pakanalliset kansat niitä jumalallisessa kunniassa, on myös senaikaisissa maalauksissa kuvailtunna engelin päiksi, jotka lennossa siivillä puhaltavat pullilla poskilla. Mutta me tiedämme että nekin täyttävät ylhäisen valkeuden Isän käskyä josta hyvä anto ja täydellinen lahja tulee, joka tekee engelinsä hengeksi ja palveliansa tulen leimaukseksi – . Kiittäkämme siis Häntä, joka kaikki on niin hyvin laittanut!

III Luku.

Vedestä.

Johdatus.

1. Vesi on pisaroittain juokseva, läpinäkyvä kappalet, joka puhtaassa tilassansa on muodotoin (karvatoin, väritöin), mautoin ja hajutoin. Mutta vesi sulaa myös kaikenlaisia aineita *a*) pitäin niitä myötänsä ja muassansa ja saaden niistä useinkin jonkun muodon ja maun, välittäin vielä hajunkin. Aivan puhtaaksi saadaan se sadetvedestä distilleeraamalla. *b*)

2. Vesi on yhdistetty kahdesta yksinkertaisesta aineesta: kolmanneksesta happoa, ja kahdesta kolmanneksesta märköä, jotka taitavalla kurilla saadaan eroitetuksi, ja jällensä yhdistetyiksi. Yksi määrä vettä painaa likimaillen niin paljo kuin 900 määrää ilmaa. *c*)

3. Vedellä on paino niin kuin muillakin maallisilla kappaleilla. Painollansa vetäyy ja pyrkii vesi alhaisimpiin paikoihin, joita se etsii juosten norona, ojana, jokena, koskena, kymenä, seisahdellen lammissa ja järvissä, ja seisahtain meressä.

4. Vesi seisoo, jos muutoin ei läikytetä, tasapintana (*superficie horizontali*) ja nousee keskensä yhdis-

tetyissä astioissa aina tasakorkealle; Olkoon yhdistys alapuolelta niin kuin théekannun ja piipun yhdistys, taikka yläpuolella niin kuin laskupillissa (*sipho*) (Kuitenkin tekee hivus pillin veto tässä eroituksen).

5. Vesi taitaan ajatella niinkuin sanomattoman pienten pallisten kokous, jotka keskensä huokiasti liikkuvat kaikin puolin ja tunkeuvat pienimpiin huokoisiin (*Germ. Verschiebbarkeit* tataisiin suomentaa Liuku *l* Livo *l* Livasto).

6. Vesi kantaa keviämmän ja yhtä raskaan kappaleen, se on: Kappalet, joka painaa yhtä paljo kuin yhtä suuri koon-määrä vettä, uipi siinä pinta-tasassa, ja keviämpi kappalet painuu siihen asti, että sen sialta paennut vesi painaa yhden verran koko kappaleen kanssa. Raskaampi kappalet painuu pohjaan, mutta on vedessä sitä keviämpi, kuin sen koon verta vettä, eli sen sialta pakeneva vesi, painaa.

7. Kiehuissa muuttuu vesi höyryksi, se on ilman tavalla juosten juoksevaksi (vesikaasuksi) 1,800 kertaa keviämmäksi tilakkaammaksi kuin pisaroittain juoksevana. Siitä taitaan arvata höyry-koneiden summatoin voima, joka kuljettaa monet raskaat vaunut, suuret laivat ja liikuttaa suuret painot, pyörittää myllyt j. n. e. *d*).

Mintähden ja Sentähden.

8. Mintähden on vesi juokseva kappalet?

Sentähden, että sen pienet osaiset ovat keskenänsä eroitetut lämmöltä. Niin pian kuin lämpö vähenee vissiin määrään, hyytyy vesi lujaksi kappaleeksi, jääksi, ja kuin lämpöä jällensä lisätään, sulaa vesi juoksevaksi, se on, sen pienimmät osaiset keskenänsä livahtavaksi.

9. Mintähden sulattaa vesi sokurin, suolat j. n. e.?

Sentähden, että veden pienet osaiset tunkeuvat sokurin huokoisiin (pori), eroittain sen osaiset ja jakaillen niitä niin pieniksi, että sopivatten veden huokoisiin.

10. Mintähden tunkeuu lämmin vesi huokiammin kappaleisiin, kuin kylmä?

Sentähden, että 1) vedessä näin runsaammin oleva lämpö juurikuin eteensä aukasee kappaleen huokoiset, vettä vastaan ottamaan, 2) vedenkin pienimmät osaiset lämmöltä tulevat herkeämmäksi jakauntumaan sopivimmaksi kappaleen huokoisiin.

11. Mintähden saattaa vesi ja muu märkyys raudan ruostumaan?

Sentähden, että rauta niin kuin muutkin metallit, on halukkaampi *e*) yhdistämään happoa kanssansa kuin märköä; kasteen eli märkyyden siis rautaan tarttuessa, eroavat tämän metallin pienet osaiset hapon kanssa yhdistymään, märjön irtipäästessä. Näin tulee Ruostet hapon yhdistyksestä raudan kanssa.

12. Mintähden menee vesi aivan täyteen asti vähällä ajalla tyhjään ja hyvin tulpattuun lasipulloon, jos se painolla meren syvyyteen upotetaan?

Sentähden, että pullo, painon vetämällä, joutuu syvään vesikertaan, jossa päällä ja ympärillä olevan veden paino on niin ankara, että ajaa pienoiset vesiosaiset lasin huokoisten läpi.

13. Mintähden on meri-vesi suolainen ja katkera?

Sentähden, 1) että höyrynä lähtevä vesi ei ota myötänsä vähääkään suolaa, joka siis jääpi mereen lisäntymään, ilmasta, muutamain lähdetten (hetteiden) vedestä, ja kukatiesi meren pohjassa olevista suolavuorista; 2) maan piki-aineista jotka siinä ovat yhdistykseen sulattuna ja tekevät kauhistavan katkeruuden, 3) on siinä myös aineita, lähteneitä elävistä, jotka siihen kuolevat ja sen pohjassa mätänevät.

14. Mintähden ei tule meri täydempään, vaikka niin paljo vettä siihen joka päivä juoksee?

Sentähden, että meri ei saa enempää vettä, kuin siitä jokapäiväisellä höyryämisellä lähtee; siitä tulevat pilvet, pilvistä sadet ja lumi, sateesta ja lumisulasta ojat, joet ja kymet, jotka näin vievät mereen entisen vetensä.

15. Mintähden on sadet-vesi suolaton vaikka se lähtee suolasesta merivedestä?

Sentähden, että pilviksi nouseva vesihöyry ei nosta myötänsä suola-ainetta eikä pikiainetta jotka höyryämiseksensä tarvitsisivat paljoa suuremman kuumuuden kuin meressä taitavat saada.

15. b) Mintähden on suolasen veden jää aivan suolatoin?

Sentähden, että suolarakeen rakennus ei sovi yhteen vesineulaisten eli jääneulaisten hyytymisen ja liittymisen kanssa. Eikä suola tule rakeiksi muutoin kuin veden vähyydestä.

16. Mintähden juoksee vesi ensin vaikeasti täpitäyteisestä putellista?

Sentähden, että ulkoilma painaa vettä vastaan, eikä pääsee sisälle kuin kuplattain eli pulputtain; mutta enemmän ilmaa putelliin päästyä harvenee se aina veden ublosloiskahtaissa, jonjälkeen suurempi kupla sisälle hyökähtää ja saattaa veden hyökähtämään.

Vasta puolen putelin paikoilta taitaan ilman hyök-
kymätä kaataa.

17. Mintähden eivät pysy muutamat juoksevat ai-
neet astiassa siinä järjestyksessä, kuin niitä siihen
kaattiin?

Sentähden, että raskaimmat aina painuvat pohjaan
nostamaan ja kantamaan keviämpiä. Jos siis pan-
naan öljyä, vettä ja elävää-hopiaa pulloon, niin me-
nee elävä-hopia pohjaan, vesi nousee sen päälle ja
öljy päälimmäksi, joska kuin sekaisin pudistettai-
siin.

18. Mintähden ei mene viina veden sekaan, jos ti-
puttain leipävuolekkeen päälle vesi-lasiin kaataan?

Sentähden, että viina on jotain keviämpi kuin vesi.
Menestyy tämä juuri ilman leipä vuolekettakin
kuin vain hyvin visusti tiputetaan, eikä lasia läiky-
tetä. Pisarat kyllä menevät pohjaan mutta nousevat
uudellensa päällen.

19. Mintähden makaavat veden päällä pysyväiset
kappaleet enemmän tai vähemmän veden sisässä?

Sentähden, että se tulee niiden painon päälle veden
suhteen. Jos joku kappalet on raskaampi kuin ve-
den koko, jonka se edestänsä pois ajaa, niin menee
pohjaan; jos yhtäraskas kuin vesikin ei hän uppoa
eikä nouse; jos keviämpi, niin hän uppoa siihen asti

että edestä pois ajettu vesi painaa kappaleen kanssa aivan tasan eli yhden verran. *f*)

20. Mintähden ei ole yhdenjalkaiset kuutamat (makurit) (*Cubus*), toinen raudasta toinen puusta yhtä raskaat?

Sentähden, että puussa ovat usiammat ja suuremmat huokoiset kuin raudassa. Sentähden sanotaanki rautaa tihiämmäksi, kuin puuta.

21. Mintähden ei paina kappalet vedessä niin paljoa kuin ulkona vedestä?

Sentähden, että vesi kantaa sitä, edestä poispakenevan veden painolla. (Tästä saadaan eri kappalten Omituispaino (*Pondus specificum*) tarkaten, kuinka suuren osan painoansa hän distileratussa vedessä kevenee. Esim. 20 luotia kultaa painaa vedessä 19 luotia, kullan omituispaino on siis 20 kertaa niin paljo kuin vesi, eli lyhyesti = 20). *g*)

22. Mintähden pysyy jää veden päällä?

Sentähden, että vesi on tiviämpi kuin jää, ja sen vuoksi raskaampi. Jään hyytyessä vesiosaisista lähtevä lämpö harventaa net, ja ei mikään taida niitä sitte tivistää. Lämpimen siaan jääpi ilmaa, joka täyttää jään huokoiset ja myös näinkin paisuu se harvenemalla.

23. Mintähden pysyy lihava ihminen paremmin veden päällä, kuin laiha?

Sentähden, että lihavan ihmisen liha on pöyhiämpi (vähemmin tiviä), kuin laihan, ja niin muodoin omituisesti keviämpi.

24. Mintähden on vaikea vetää ulospäin käsiruiskun mäntää, jos sormea putken eli piipun suulla pidetään, taikka tämä muutoin tukkeuu?

Sentähden, että ruiskun sisälle ei mitään päästessä vastaamaan ulkoilman painoa, pitäisi männällä nostettaman koko ilman korkuinen ja männän laveuutta paksu ilmapatsas (*columna aëris*) jonka paino on jokaisen ruutu-kymmenes-peukalon (*poll. decim. quadr.*) päällen ainakin 21 naulaa.

25. Mintähden, jos täpi-täyden vesilasin päälle tarkoin pannaan paperilehti, ja lasia alassuuten kääntäissä, käsi pidetään vastassa, – mintähden pysyy paperi siinä käden poiskin otettua?

Sentähden, että ilma painaa niin alhalta ylöspäin, kuin ylhältäkin alaspäin, koko ilman korkeuuden painolla, joka vastaa 35:tä jalkaa korkeaa vesipatsasta, ja vastustaa, tällä painolla, lasissa olevaa vettä vastaan ja kantaa sen, jos vain ei paperin laita vahingossa irtauk, josta pääsee pulputtamaan vesi ulos ja ilma sisälle.

26. Mintähden ovat ojain lähteet (hetteet) ja jokein latvat (päät) aina vuorten vieruilla ja korkiain selkosten ja kangasten ympäristöllä?

Sentähden, että vesihöyry kokoontuu korkeimmillen paikoillen, sekä kaikenlaisena kasteena, että pilvenä, sateena ja lumena, ja kuin korkeat selkoset eivät kasva muuta kuin metsää, niin ylentää myös senkin korkeuus veden kokoavaa korkeuutta. Näin kokounnut vesi laskeuu kallion rotkoihin, louheen ja kangasmujuun, eli somerikkoon, lujempaan pohjaan asti, jota se seuraa alemmaisiin paikkoihin, näissä hetteenä (lähtenä) noustaksensa.

(Maan läpi heruessansa puhdistuu vesi puhtaassa maakerrassa, mutta ottaa myötänsä kaikkia aineita, kuin se taitaa maakerrasta sulata, josta syystä vesi muutamissa hetteissä on suolanen, ruosteinen j. n. e.)

27. Mintähden löytyy hyvää vettä pienilläkin saarilla eli luodoilla ja vielä lähellä meren rantaakin, vaikka merivesi on suolainen?

Sentähden, että nämät vesikummut eli lähteen sienteet saavat alkunsa sadet-vedestä, jontähden ne myös pitkillä poudilla kuivaavat, eivätkä ole missään yhdistyksessa meriveden kanssa.

28. Mintähden pahenee ja mätänee vesi allikoissa?

Sentähden, että lehtiä, kasvia ja muitakin organisia
h) aineita sattuu kokountumaan niihin, tuulen tuis-
kuttamalla ja veden viruttamalla, ja niissä mahivat
eli lahovat; päälliseksi munivat niihin kaikenlaiset
itikat, virkoovat joksikuksi ajaksi eloon, jonjälkeen
kuoltuansa vielä lisäävät lahoainetta.

29. Mintähden pysyy juokseva vesi puhtaana ja
raikkaana?

Sentähden, että 1) liikunto saattaa kaikki sen osai-
set ilman kanssa yhdistykseen joka siis estää sen
käymästä lahoksi (*fermentationem abstinet putre-
dinosam*); 2) liikkuvana sulaa vesi lahon alaiset ai-
neet aivan tomuna poishöyryäviksi; 3) se ajaa alin-
omaisella liikunnollansa rannoille kaikki sulaamat-
tomat aineet.

30. Mintähden laskeuu, veden lämmitessä ja kiehu-
essa, aina ylikerta pohjaan, alakerran päälle nous-
tessa?

Sentähden, että tulen eli valkian ollessa keittoastian
pohjan alla, tulee se antamaan kuumuudensa poh-
jaa vastaan olevalle vesikerrallen, joka siitä turpoo,
eli paisuu, ja avarointuu, näin kevenee nousemaan,
ajain ylemmäiset kylmemmät kerrat äärillen, tai
toisellen laidallen, vuorostansa pohjaan painu-
maan, siksi kuin kaikki osaiset ovat pohjassa niin

lämpöä saaneet, että alkavat höyrykelloin nousta ja näin vaikuttaa kiehunnon.

31. Mintähden löyhtyy pinkoitettu köysi kuivalla säällä ja vetääksen lujaan kostialla?

Sentähden, että köyden säät ovat kokoonpantuna syistä, jotka kaikki ovat niin kierroksissa etteivät pääse paksunemaan ilman kappaleen lyhenemättä, ja hienotessa antavat myöden pituudellensa: näin myös säät keskenänsä; mutta kostiassa ja märjässä täytyy jokaisen syyn ja sään paisua huokoisiin ja syiden väliin tunkeunneesta vedestä, joka hivusvedolla (*attractione capillari*) lujasti puoleen vedetään ja kiintiästi pidetään. (*i* & *k*)

31. *b*) Mintähden turpuuvat (purjuvat) ravistuneet astiat vedessä?

Sentähden, että vesi tunkeuu lautain syyväli-huokoisiin (*poros interfibrales*), paisuttamaan niitä; joka paisuminen tekee enimmän laita-lautain leveyydellen (päin), ja näin litistää heidät toisiinsa kiinni – vannetten pitäissä erillen pääsemistä vastaan.

Monta ainetta, niin kuin hivukset, jouhet, soitto kalujen suonikielet, j. n. e. venyy kostealla ja lyhenee kuivalla säällä; jonka tiedon päälle taitaan monenlaisia kosteen mittaria *e*) (*Hygrometer*) kokoon panna, sekä huviksi, että joksikuksi hyödyksikin.

32. Mintähden kiehuu vesi, hyvin korkeilla vuorilla, vähemmällä tulella, kuin alhaisella maalla?

Sentähden, että ilman paino veden höyryksi muuttumista vastaan korkeilla paikoilla on vähempi; vesi-osaisten siis vähemmän lämpöä tarviten höyryksi muuttuaksensa.

33. Mintähden taitaan vedessä sulata suolaa taikka sokuria, ilman astian siitä enemmän täytymätä (täydemmäksi tulemata)?

Sentähden, että suola-aineen osaiset (hipaleet, tomeet) tunkeuvat veden huokoisiin, pois ajain niissä entisestä olevan ilman. Niin nouseekin suolan sulaessa pieniä pyreitä vahdoksi (vaahteeksi) taikka veden pinnassa rikki pärskymään. Näin ottaa suola ainoasti tyhjät paikat jontähden ei koko lisännyk, vaan tiveyys.

34. Mintähden ottaa lipiä paremmin kuin paljas vesi lian vaatteesta?

Sentähden, että pestessä, veden happo tarttuu vaatteeseen sulaten siitä likakermun. Mutta tämä sulaaminen käypi sitä huokiammin, jos vedenhappoa lisätään lipiällä, peseellä (saipualla, soopalla) taikka kuivalla lipiällä (*potassa*).

35. Mintähden näkyy savunkaltainen höyry pakkasella tulevan hevoisten ja eläinten sieramista?

Sentähden, että henkivedossa ulospuhalletussa il-
massa on paljo vettä yhdistettynä lämmön kanssa
aivan näkymättömäksi höyryksi (vesikaasuksi)
(*aqua gasiformis*), joka päästää lämpönsä ulkoil-
maan, sitä pikemmen mitä kylmempi tämä on, niin
että vesi jääpi ennen sanotuiksi rakkoisiksi vähän
aikaa sumun muodossa liikkumaan. Huuru näkyy
vähemmässä vilussa ja enemmän aikaa mitä kos-
tiampi ilma on.

36. Mintähden lähtee kostia (nehkiä) liinamytty
kuumasta kanuunasta jommoisellakin vauhkilla?

Sentähden, että usiamman ladingin laukastua ka-
nuunan kuumuus tulee väkeväksi, pikaisesti muut-
tamaan tukossa, mytyssä, olevan märkyyden, höy-
ryksi ja kaasuksi, joka ottaa 1,800 kertaa suurem-
man tilan ja näin paisuessansa ampuu mytyn eli tu-
kon ulos siitä suuremmalla pohtilla, mitä kuu-
mempi kanuuna on, ja mitä lujemmin mytty täyttää
sen suun (*lumen*).

37. Mintähden räiskyy kiehuva öljy, jos vettä se-
kaan kaataan?

Sentähden, että öljyn kiehuntokuumuus on monin
kerroin suurempi kuin veden, mutta vesi pyrkii pai-
nollansa pohjaan ja jonkun vähän upottuansa muut-
tuu jokainen pisarainen höyryksi, räiskinällä voit-
tamaan päällä olevan öljykerran koossa pitoa
(*cohæsio*).

38. Mintähden hajoavat astiat niissä täytenä olevan veden jäätyessä?

Sentähden, että vaikka vesi vissiin määrään asti 4° C. jähtyessänsä vähenee kooltansa ja tivisty aineessansa, niin alkaa se siitä pitäin harveta jääneulaisten hyytyessä, ja harvenee aina enämmin niiden liittyissä, laatunsa jälkeen hippeen mukaisiksi, rakeiksi ja, kovetessa jääksi, aina enämmän jättäin sekä näkyviä että vielä enämmän näkymättömiä huokoisia, joihin vedessä ollut ilma kokoontuu. – Mutta jäätyminen alkaa päältä ja ympäriltä, niin että sisämmäinen vesi ei pääse mielellänsä ylöspäin vaan harvetessansa tulee pakottamaan laitoja ja pohjia, joita vesi muutoinkin painollansa ponnistaa. Tämä ponnistus on niinkin väkevä, että se repäisee kalliot, paksut puut vielä pyssyn putkenkin, jos se oikein lujaan on tulpattu, nostaa kivikadut j. m. s.

39. Mintähden särkyvät muutamat astiat veden sulaessa, vaikka ovat kestäneet jäätymisen?

Sentähden, että lämpö jäähän mennessänsä ensi alussa paisuttaa sen kokoa. Vielä sulaa jää päältä alkain; siitä tulee vettä, joka tunkeuu sulamattoman jään sisällen jäätyy uudellensa sen kylmästä ja paisuttaa sen kookkaammaksi vieläkin ponnistamaan astiaa hajallen.

40. Mintähden jäätyy vesi ensin ja enimmästi pinnasta eli päältä?

Sentähden, että niin kuin nähtiin N:o 38., vesi jo 4° C. se on neljännestä gradista (astelmasta) kylmän puolellen alkaa kevetä, ja nousee päällimmäksi. Päällyspuolelle vaikuttaa myös pakkainen enimmän. Niinkauvain kuin nyt vesi on sanottua määrää lämpimämpi, jähtyy aina päällyskerta ja lähtee raskaampana pohjaan, josta haaleampi aina nousee siihen asti, kuin kaikki on joutunut sanottuun määrään. Tämä päällys ja alakertojen muutos tekee vedessä alinomaisen liikunnon, joka taitaan läpinäkyvässä lasissa nähdä, jos joitakuita muruja veteen pannaan. Mutta alle 4° C. jähtynyt pysyy päällä ja hyytyy viimmein 0° C. merkin kohdalla jääneulaisiksi, jotka liittyvät toisiinsa ihmeellisellä järjestyksellä. Ääriltä pistävät näkyvimmät ensin keskeä kohden vähää viteellen (vinoon), ja kasvavat vähin nähtävästi ja näiden lisäntyessä, alkaa kahden puolen liittyä näihin tosia neulaisia vississä järjestyksessä (kolmiloukoisen loukontoon Λ 60°) joista kutountuu erinomaisen korea kermu ensimmäisten hyydet-puikkoisten välille. Koko pinnan peitettyä, alkaa tämä kermu kasvaa ja vahvistua alaspäin j. n. e. Samasta syystä kuin jää näin on alkanut päältä, pysyykin se siinä eikä uppoa, niin kuin suolahyyteet (*crystalli sainæ*). Tämä on erinomainen viisas Luojan hyvä työ; sillä jos jää-hyteet menisivät pohjaan, niin ei auringon paistet taitaisi

niitä sulattaa; vedet tulisivat alinomaisiksi jääti-
köiksi, ja viimmein koko maa elettömättömäksi.

Tosin tulee kovina talvina pohjajäätäkin, mutta se
suulaa samasta syystä kuin se on tullutkin. Tämä on
näin: mataloissa koskissa ja merenkin salmissa,
joissa virta käy, viepi virren pyörret pinnassa syn-
tyväiset hyyteet sekaisin pohjaan asti veden kanssa;
samassa ovat niissä löytyväiset kivet niin vahvat
lämpimen johdattajat (vetäjät, *doctures*) että ne
pakkaisella pysyvät jäätävänä pohjaan asti, jontäh-
den joukseva hyydet tarttuu niihin niin paksulta
kuin vain jään voima kylmää johdattamaan
($\vartheta \varepsilon \varrho \mu o \varphi o \varrho \iota \alpha$) myöden antaa. Kuin sitte juokseva
vesi ei pääse kiveä lämmittämään niin pääsee tämä
aina alempaa ja alempaa jäätävän kylmäksi j. n. e.

Pohjajäät sulavat kevät-lämpimien tullessa ynnä
muun jään kanssa, kiven mustemman muotonsa
vuoksi vetäen runsaammin lämmintä puoleensa ja
johdattain johtovoimalla pikemmin pohjaan asti,
josta jää kiveä vastaan alkaa sulata ja päästää juok-
sevan veden molemmin puolin sulattamaan ja hi-
vuttamaan.

41. Mintähden alkaa jäätyminen ääriltä, partailta ja
rannoilta?

Sentähden, että 1) ääret, laidat ja rannan aineet ta-
vallisesti ovat paremmat lämpimen (lämmön) joh-
dattajat kuin vesi, ja sentähden ensinnä hyytävät jää

neulaisia kylkeensä, 2) että hivusvedolla (*attractio capillaris*) äärten lähestöllä hyytyväiset vetäivät äärtä vastaan nousevaiseen vesi-kierteeseen siinä yhtymään ääri neulaisten kanssa. Näin tulee hyytävän jääpiikin parras aina olemaan niin korkealla kuin vesikierret alusta oli laitaa vastaan, ja näin alinomaa pitämään samanlaisen vesikierteen ja puoleen-vedon siihen asti kuin vesi jäätyy umpeen.

42. Mintähden eivät jäädy juoksevat vedet yhtä keviästi kuin seisovaiset?

Sentähden, että 1) vesi osaisten alinomainen siirteleminen toistansa kohtaan estää jääneulaisten hyytymisen; 2) sama liikunto alinomaa tuopi pohjasta päällen lämpimämpää vettä, joka ei taida hyytyä.

Tästä on Kajaanankin Suvannossa Koivukosken ja Ämmän välillä ainainen sula. Taitaa monessa muussakin paikassa olla Suomenkin maassa.

Donaun Kymi alkava Saksan maalla sanotaan myös olevan niin ramia-juoksusen, ett' ei kerkeä jäätymään.

43. Mintähden ei ole virtain jää niin tasanen kuin lampien ja kalakaivantoin jää?

Sentähden, että virtain jää ei tule niin yksinäisistä neulaisista, kuin pienen ja seisovat veden, vaan jo ennen hyytyneiden jääpalasten yhteen juuttumi-

sesta eli hyytymisestä taikka sangen kovalla pak-
kaisella taikka jotain estettä vastaan pysähdet-
tyänsä. Tämmöinen jää on kolianlainen, mutta vä-
littäin kohta seisahdettuansa kyllä vahva kanta-
maan sangen raskaita painoja.

44. Mintähden tulee virtavesiin jääpalasia?

Sentähden, että juoksevassa vedessä käyväiset
pyörteet ja härjän silmät aivan merkillisellä tavalla
jättävät väliinsä melkein siliöitä paikkoja, jossa
vesi-osaiset eivät liiku ja siirry niin toisistansa kuin
itse pyörteissä, ja joissa siis niillä on aikaa hyyty-
äksensä jääneulaisiksi, ja näiden liittyä aina suu-
remmiksi palasiksi, jotka veden aaltoamisesta jou-
tuvat jotenkin paksuksikin ennenkuin yhteen tart-
tuvat, muutamat lappeellensa toiset syrjällensä
j. n. e.

45. Mintähden lähtee jää itsellänsä?

Sentähden, että ilman lämmin ja päivän paistet par-
hain lämmittävät kaikkia rantoja, jotka vierestänsä
sulaavat jään partaan eli syrjän kaikin puolin, ja
keskelläkin olevain karien ja kivein ympäriltä,
(jotta) josta jää pääsee liikkumaan ja tuuliajoon,
yhtaikaa kuin sateista ja lumen sulasta kokountuu
vettä vesi paikkoihin tulvillen asti, nostamaan jäätä
ja vielä enemmän eroittamaan sitä talvipitimis-
tänsä. Järvissä niinkuin myös muissa maavesissä ja
merissä liikuttaa tuuli tätä irtipäässyttä jäätä ja run-

telee sitä kaikkia rantoja ja kiviäkin vastaan, vielä
alkaa vähässäkin sulassa vedessä tuuli nostaa aal-
lon, ja aalto-hyökyä, vähän vähältä murentamaan
jää-teliä j. n. e. Juoksevissa vesissä nostaa tulva, eli
ylivesi, jään ylemmäksi kussa rannat ovat avaram-
mat, hämmentää eli sekoittaa lämpimämmän poh-
javeden päällimäisen kanssa altakin päin jäätä ku-
luttamaan; vielä on ylävesi rapiampi juoksussansa
kuin matala, jontähden se sitä enemmän vetää jäätä
lähtemään.

45. b) Mintähden lähtee jää ennen pienistä ladva
vesistä ja lampiloista kuin suuremmista vesistä?

Sentähden, että vähempikin lisä tuntuu pikemmin
pienessä vedessä kuin suuressa. Näin nostaa no-
roista, puroista lumisulasta ja ojista tuleva vesi pi-
kemmin pienen lammin tulvillen, ennenkuin suu-
rissa vesissä tuntuukaan. Päälliseksi ovat pienem-
mät vedet matalammat, jontähden pohjakin pikem-
min ottaa päivän paisteesta lämmintä, joka taasen
tepsii jäähän.

46. Mintähden on allikoissa ja ojissa kopojää?

Sentähden, että kerran umpeen jäätynyt kermu ei
painu alas veden laskeutessa, kylmästä kokoon ve-
dolla ja tuntumattomasta höyrymisestä, joka huoki-
asti pääsee jään läpi. Välittäin on usiampia kermuja
päälletysten sitä myöden kuin ilma on ollut kui-
vempi enemmän höyryn vetämällä vettäkin enem-

män alentamaan, taikka kostea kylmempi siihen jäätää toisen kermun, josta tulee moninaisia kuvailemuksia.

47. Mintähden repii kissa karvojansa ja kynsii pölkkyjä sateen ja nöyrän ilman tullessa?

Sentähden, että ilmasta, joka silloin on täydempänä vesi-höyryä, kokoontuu märkyyttä kutkuttamaan sekä ihoa että kynnen juuria, jota kutkutusta kynsimisellä kokee helpottaa.

48. Mintähden nousee ja laskeuu vesi visseinä aikoina valtameren rannoilla, eli mistä tulee luodet ja vuoksi?

Sentähden, että vesi on keveämpi ja herkeämpi tottelemaan kuun ja auringon puoleensa vetoa, kuin koko maan pallo taitaa olla, ja sentähden nousee vähää aikaa jälkeen kuun ylimpänä oltua, niin myös toisella puolella maan, vastapäiden meidän kohtaamme. Näin tulee vuorokaudessa vesi kaksi kertaa nousemaan ja laskeumaan, kuusi hetkeä kumpaistakin, korkeimmallansa olemaan kumpaisellakin kerralla lähes neljänneksen hetkeä. Uuden kuun aikana nouseekin vesi korkeammalle kuin muullosti sentähden että auringon ja kuun puoleen vedot yhdistyvät. – Lähdet-vesissä ja sisämerissä tätä veden nousua ja laskentoa ei ole, sillä ei ole aavaa, mistä vettä kokoon tulisi nostamaan j. n. e.

49. Mintähden ruiskuu vesi korkealle muutamista
teko-hetteistä eli lähteistä?

Sentähden, että ne ovat tehtynä torven tavalla,
jonka yhdessä päässä veden, tasapainollansa, täy-
tyy nousta niin korkealle kuin toisessakin on. Mitä
nyt torven ruisku- eli lähtöpää on alempana kuin
tulo- eli otto-pää, sitä korkeammallen ruiskuu vesi,
sitä paremmin mitä runsaammin sitä juoksee ja
mitä soveliaampi torven ruiskusuu on. Kuitenkaan
ei pääse ruiskuvesi aivan ottopaikan tasalle sen-
vuoksi, että ilma, sekä tiveydellänsä, että painol-
lansa, on veden vastuksena (katso johdatus 4).

50. Mintähden saadaan vesi välittäin nousemaan
korkeain rakennusten ylimmäiseenkiin kertaan?

Sentähden, että se viimmeksi nimitetyllä tavalla
torvilla johdatetaan vielä korkeammasta paikasta.

IV Luku.

Valosta.

Johdatus.

1. Se äärettömän hieno juokseva ja kaikkialle ha-
joova ainet joka saattaa kappaleet 2 näkyviksi sil-
miimme, kutsutaan Valoksi eli Valonaineeksi.

2. Valo on äärettömän hieno, sillä jos joku seisoo
korkialla vuoren reunalla, josta silmän ala on hyvin
avara, ja paperi-lehteen pistetyn reijän läpi katsoo
ympärillensä; niin näkyy koko seutukunta metsi-
nensä, Kirkkoinensa, Kylinensä j. n. e. vaikka jo-
kaisen nähtävän jokaisesta paikasta valon säet tulee
silmään, sen pimiässä pohjassa *a*) kuvaamaan kaik-
kia näitä metsiä, kirkkoja, kyliä, j. n. e. ja vaikutta-
maan näön tuntoa, eivätkä nämä säkeet sekaunnuk
keskenänsä.

3. Paistavista, loistavista ja kiiltävistä, sanalla sa-
noen: valistavista kappaleista lähtee jokaisesta pai-
kasta, eli pistämästä (*punctum*) valon säkeitä kai-
killen puolillen aivan suoraa johtoa jos välillä on
ainoastansa yhtä läpinäkyvää ainetta; mutta jos säet
tule käymään usiamman väliaineen läpi, joista toi-
set ovat tiviämmät, toiset harvemmat, niin taittuu
se tiviämmässä kohden, harvemmassa hajallen-
päin viteeseen käydessä; mutta kohdastansa aivan

suoraan ilman taittu-
matta, joka nähdään
jos suora puikko eli Ilma
keppi pistetään ve-　Lasi
teen, sillä se näyttää
aina veden rajassa ole-　Ilma
van poikki. Valon Lasi
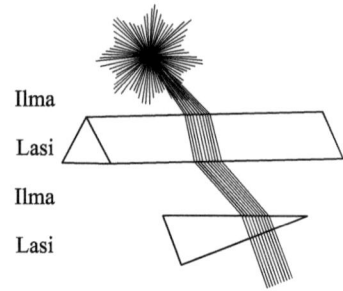
suoraan vaikutus nä-
kyy joka päiväisesti, jos auringon paistet aivan pie-
nestä reijästä pääsee pimiään huoneeseen, jossa se
valaisee jokaisen pölytomeen näkyväksi ja näyttä-
mään suoraa johtoansa.

Ainet, jonka läpi valo vaikuttaa, kutsutaan väli-ai-
neksi (*medium*), joka on kirkas (*pellucidum*), jos
sen läpi selvästi näkyy; mutta samia eli himiä (*sem-
pellucid.*) jos toisella puolella oleva valo kyllä läpi
näkyy, mutta haamun rajat eivät tule tarkoin ja sel-
västi näkymään, ja läpinäkymätöin eli pimiä
(*opacum*) jonka läpi valo ei ollenkaan vaikuta. *b*)

4. Jos valon säet kohtaa tasatsen, silitetyn pinnan
(*superficiem planam lævigatam*) niin poukahtaa se
takasin yhtä suurella nurkkauksella, loukkomella
(*angulus*) kuin tulikin, aivan takaisin itseensä jos
tulo-loukoin on kaikin puolin suora (*incidentia per-
pendicularis*) *c*), viteeseen jos tulo-loukoin on
viinto eli vino (*angulo incidentiæ obliquo*) Tulo- ja
lähtö-loukkomet ovat yhtä suuret, ja mitataan pysy
liniaa kohtaan (*ad lineam perpendicularem plani*).

5. Kappaleen näkemiseksi tarvitaan, että valon sä-
keet lähtevät jokaisesta pistämästä sen pinnassa sil-
män pohjaan kuvaamaan sitä ylös alaisin, vaikutta-
maan näkemisen tunnon liudin-kalvossa (*retina
nervosa*), joka näkö-liutimen kautta vaikuttaa ai-
vun päälle. Vaikka kuvainen on vasen-oikia ja
ylös-alainen, niin näemme kuitenkin kappaleet niin
kuin ovatkin; ja vaikka kappaleista tulee kaksi ku-
vaa, näemme net yksin (jos silmät terveet ovat)
näkö-liutimen ihmeellisen rakennuksen kautta.

6. Valon pikaisuus on sanomatoin. Tähtein tutkin-
nossa on havaittu sen joutuvat likimaillen 28,900
peninkuulumaa lerkkauksen aikana. Näin näkyy
siis maanpäällä kaikki samassa kuin tapahtuu. Au-
ringon säkeet luullaan vetävän 7 tai 8 lerkkausta,
mutta sitä on etääkin 14 tai 15 kertaa tuhannen tu-
hatta peninkuulumaa.

7. Ilman valota on pimeyys, jota emme taida oikein
ajatellakkaan, sillä maan päällä ei ole täyttä pi-
meyyttä. Kuka taitaa oikein kiittää suurta ja laupi-
asta Luojaa, suloisen valon edestä, joka on juuri-
kuin Hänen ensimmäinen kuvansa. Valon kautta
näemme kaikki Hänen ihmeensä, suloiseksi huvi-
tukseksi hengellemme ja tarvettemme täyttämi-
seksi ruumiillemme.

Oppi ja Visauus ovat aprikoineet (ylösajatelleet)
Koneita (*instrumenta*) ja Kuria (*Artes*) niitä teke-
mään ja viljelemään. Erinomattain ovat näkökoneet

kahtalaiset: etääkatsoin (*telescopium*, τηλεσχοπιον) ja suurentaja (*microscopium*, μιχροσχπιον). Etää- katsomella sanotaan kuu näkyvän niin selvästi kuin kahden peninkuuluman päähän j. n. e. ja Suurenta- jalla hivuskarvakin kuin vuoli, ja vesipisarassa nä- kyvät lukemattomat lukemattoman laatuiset elävät.

Me käsitämme puolittain ja ymmärrämme puolit- tain, mutta koska täydellinen tulee, sitte vajaa lak- kaa.

Mintähden ja Sentähden.

8. Mintähden ovat kappaleet eri-karvaiset-, muo- toiset-, väriset?

Sentähden, että jokainen valon säet on juurikuin seitsemänsäinen se on, saadaan konet-kurilla (*arte instrumentaria*) näyttämään seitsemän pääkarvaa (*colores principales*) jotka ovat 1 Punainen, 2 Rus- kia, 3 Keltainen, 4 Viheriäinen, 5 Vaaleansininen, 6 tumman-sininen, ja 7 sini-punainen, eli teräksen- karvanen. Jos valon säet kohdatessansa kappaletta palauu eli poukahtaa siitä ilman eroilematta, taka- sin, niin näyttää kappalet valkialta, jos ainoastansa säkeen punainen sää poukahtaa takasin ja kaikki muut kätkeyvät sinne niin on kappalet punaisen karvainen, jos kaikki muut vetäivät kappaleeseen, vaan sininen sää poukahtaa takaisin, sanomme sitä siniseksi ja niin kaikien muiden kanssa. Musta sär- pää kaikki valosäkeen säät sisäänsä. *d*)

8. *b*) Mintähden, ei saa tavallisella auringon lasilla oikein valkiaa paperia syttymään?

Sentähden, että kuumuus ja syttyminen tulee valon täydestä, mutta valkian karvanen poukottaa koko säkeen pois.

8. *c*) Mintähden ovat mustat vaatteet päivän paisteella kuumammat kuin muut?

Sentähden, että musta vetää valon puoleensa kaikkenansa, josta kuumuus tulee sitä ankarammaksi.

9. Mintähden on selkiä taivas vaalean-sinisen karvainen?

Sentähden, että ilma, joka on meidän väliaineemme (*medium*) pitää puolessansa kaikki muut valosäkeen säät ja päästää silmään ainoastansa sinisen.

10. Mintähden näkyy kuvamme kuvainlasin takana, eikä kohta pinnassa?

Sentähden, että kuva näkyy säkeen päässä; mutta säet tulee kuvattavasta kappaleesta kuvaimeen ja kuvaimesta silmään, joka saapi kuvan kaikella tällä yhteen luetulla etäällä, mutta sitä johtoa jota säkeet silmään palajavat. Kuvan etää kuvaimen takana tulee siis olemaan niin suuri, kuin kappaleenkin kuvainen etupuolella.

11. Mintähden näkyy kuva ylös alaisin veteen katsoessa?

Sentähden, että veden pinta, aivan kuin kaikki muut hyvin sileät kappaleet, kuvain-lasin tavalla, lähettää valon säkeet silmään ja näyttää jokaisen paikan niin etäänä alhalla kuin kuuvailtava on ylhällä päin; niin tulee siis katselian omakin kuva, jalat pian jalkoja vastaan.

12. Mintähden näkyy 7 karvainen taivaankaari?

Sentähden, että sadet-pisaroihin paistavaiset auringon säkeet niiden sisästä taittuvat ja poukahtavat takasin, siinä järjestyksessä, että muutamista pisaroista näkyy silmään sitä karvaa toisista toisia vississä loukkomessa aurinkoa ja silmää kohden. Tämä kaari näkyy ainoastansa vastapäätä aurinkoa, edellä puolen päivän lännessä ja jälkeen puolen päivän itä puolella. Sydän kesällä on aurinko puolen päivän aikana niin korkialla että kaaren kuvailema painuu lähes maata myöden vähemmän näkyväksi. Hyvin kasevalla sateella näkyy vielä toinenkin pimiää pilveä vastaan, aina kapeampi, vähemmin loistava ja nurikarvanen, josta näkyy sen olevankin kuvaileman pääkaaresta. Vahvan aamukasteen aikana näkyy kaari ruohossa päänvarjon ympärillä. Korkeissa koskissa näkyy tulvan aikana niistä nousevassa huurussa myös taivaan kaaren mukaama, kuitenkin samakampi kuin sateessa.

Näissä näkyy myös kuun valoa vastaan vaaleampi kaari.

13. Mintähden näkyy pohjaisen palo yöllä ja ei päivällä?

Sentähden, että päivän täysi valo on väkevämpi voittamaan himiämmän, ehkä kyllä yö-pimiässä loistavan valkeuden, jonka täyteen tietoon kaikki tutkinnot eivät vielä ole päässeet. – Se vain on arvattava asia että tämä ihmeellinen, liikkuva ja liehuva valkeuus näkyy Maan pohjaisessa ja eteläisessä perässä, mutta ei auringon keski-alla. Näitä valaistuksia kutsutaan myös revon tuleksi ja etelän alla etelän paloksi (*aurora borealis* & *austealis*).

14. Mintähden näkyy välittäin ikään kuin usiampia aurinkoja taivaalla?

Sentähden, että yli-ilmassa on vesirakkoisia, niin kuin sateen valmistukseksi ja niistä polveltamalla tulevaiset auringon säkeet taivaan kaaren mukaan tulevat silmiimme.

15. Mintähden kuvajastaa muutamin paikoin niin että näkyy vuoria, metsiä, vesiä ja kaupunkeja, joita ei olekkaan nähtävän matkan päässä?

Sentähden, että auringon alla ilma-piiri on korkiampi ja siitä niinkuin monikertainen, niin kuvajastaa toisesta kerrasta toiseen arvattamattomia matkoja kuvailema, kaupungin meren keskelle ja järven erämaan keskelle. *e*)

Suuremmilla Pohjamaan järvillä näkyvät järven rannat välittäin juurikuin korkealla ilmassa, välittäin ei näy paljo muuta kuin puun latvat. (Olenkin nähnyt näitä tuulen ilmoittajaksi olletikkin Oulujärven rannoilla).

16. Mintähden välkkyy kiiltomato ainoastansa yöllä?

Sentähden, että päivän valo pimittää näistä madoista lähtevän himiän kiillon. Näissä on muuten juoksevaa kiillon antavaa *f*) ainetta, jota mahan alla olevista nisäkkeistä päästävät.

17. Mintähden kiiltää lahopuu pimiässä?

Sentähden, että se taitaa päivän aikana vetää puoleensa valon ainetta, jota sitte pimiässä päästää.

18. Mintähden välkkyvät, taikka ikään kuin kipinöivät aallot muutamissa merissä airon edessä ja laivan jälissä?

Sentähden, että vesi on täynnä pieniä kiiltomadon tavalla kiiltäviä neulan nuppia pienempiä eläviä. Valta-meressä arvellaan tämä veden leiskuminen tulevan valon aineesta jota meri-vesi päänpäälliten

juoksevasta auringosta päivän aikana on puoleensa
ottanut, niin kuin lahosta puusta sanottiin.

19. Mintähden näyttää kahdesta aivan yhtä suurista
kappaleista etäämpänä oleva pienemmältä kuin toi-
nen, taikka läheisempi?

Sentähden, että olemme tottuneet päättämään kap-
palten suurudesta sen loukkomen jälkeen kuin kap-
paleesta tulevaiset äärimmäiset valon säkeet teke-
vät meidän silmissämme. Mutta mitä etäämpänä
kappalet on, sitä pienemmäksi tulee loukoin. Jos
me taas lähenemme kappaletta, niin tulee se näky-
mään suuremmalta näkö loukkomen suuretessa.

20. Mintähden näyttävät kaksi vastakkain seisovaa
pitkää tasaista puuripiä toisesta päästä kaitasem-
malta ja puut pienemmältä kuin katsojan kohdalta?

Sentähden, että etäisimmistä puista silmään tule-
vaiset valon säkeet silmässä tekevät terävämmän
loukkomen kuin lähempänä seisovista tulevaiset.
Samati käypi etäämpänä ja lähempänä seisovaisten
puiden ladvasta ja juuresta tulevain säetten kanssa.

21. Mintähden eivät näy tähdet päivällä paljain sil-
min?

Sentähden, että auringon valon vaikutus silmiin on
niin paljoa väkevämpi tähtein valoa, aivan himittä-
mään asti; mutta jos kuu tulee auringon eteen, niin

kuin auringon pimetessä, niin näkyvät tähdet päi-
välläkin.

22. Mintähden näyttää huonet esinnä pimiältä ul-
koa ja päivän paisteesta tultua huoneeseen?

Sentähden, että silmäteränen *h*) kirkkaalla valolla
vetää itsensä pienemmäksi näinkin päästäin tar-
peeksi valon säkeitä silmän pohjaan nähtäviämme
kuvaamaan; mutta avauu suuremmaksi himiäm-
mässä, näin tarpeeksi paljo valon säkeitä saamaan,
näiden himiämpänä ollessa. Kuin tämä silmäte-
räsen laveneminen ei taida tapahtua yhtäkkiä, niin
näyttävät kaikki vähän aikaa pimiältä siihen asti
kuin teränen joutuu aukenemaan. Tämän aukene-
misen saamme näkyviin kahdellakin tavalla, 1) jos
ensin katsomme kirkkaaseen valoon ja sitte pimi-
ään, 2) jos kädellä peitämme toisen silmän.

23. Mintähden makaavat kissat kaiket päivät nu-
kuksissa?

Sentähden, että niillä on sangen avara silmäte-
ränen, jonvuoksi pitävät silmiänsä enimmiten um-
messa, jos ei joku rapina houkuttele heitä aukase-
maan niitä. Näin silmiänsä ummessa pitäin nukku-
vat he pian todella.

24. Mintähden näkevät kissat paremmin pimissä
kuin usiammat muut elävät?

Sentähden, että niillä äskeisen sanan jälkeen ovat avarammat silmäteräset päästämään enemmän valon säkeitä silmän pohjaan nähtäviänsa kuvailemaan. Näin ovat muutoin kaikkein yöllä eloansa pyytäväin eläväin silmät, sekä huuhkajan että tarhapöllön.

25. Mintähden käypi kirkkaampi valo alussa kipiästi silmiin pimiästä tultua?

Sentähden, että silmäteränen, pimiässä paljo himeitä valon säkeitä sisälle päästääksensä, aivan avonaisena seisonunna, ei taida niin yhtäkkiä kiteytä pieneksi vähempää säkeen paljotta sisälle päästämään; Tämä kirkasten säetten paljouus tulee vaivaamaan silmää ylöllisyydellänsä siksi kuin teränen joutuu pienemmäksi vetäymään.

26. Mintähden ei lopu päivän valo heti kohta auringon laskeutessa?

Sentähden, että auringon paistet vielä sittekin kuin ei enään sovi maahan, valaisee ilmassa olevia aineita, höyryä ja pölyn tomeita. Tästä tuleva hämärä on havaittu kestävän siksi kuin aurinko on joutunut 18° näkörajan alle. Auringon kesällä ei joutuin niinkään alas pohjan perillä, tulevat yöt kokonansa valoisaksi.

Tätä paitsi olisi meillä ainoastansa kirkas päivä ja pimiä yö, mutta näin tulee aamu-, ja iltahämärä.

27. Mintähden näkyy auringon kuva jo kappaletta ennen auringon itsensä nousemista, ja samati jälkeen laskemista?

Sentähden, että valon säkeet yhteisesti harvemmasta aineesta tiviämpään viteeseen, juostessansa painuvat ainetta kohden, ja kuin ilma maata vastaan on tiettävästi tiviämpi, niin tulevat auringon valon säkeet pystymmästi katsojan silmiin, näin näyttämään auringon kuvan korkiammalla kuin onkaan.

28. Mintähden emme näe kappaleita etempänä vissiä määrää?

Sentähden, että 1) valon säkeet tulevat silmään pian ilman loukkometa, ikään kuin toinen toisensa päälle: 2) Valon säkeet aina etäämpänä heikenevät viimmein tuntumattomiksi. Sillä valo vähenee samassa järjestyksessä kuin etään nelisloukko enänee.

29. Mintähden näemmä pimiässä huoneessa, johon valo ainoasti yhden pienen reijän läpi pääsee, edessä olevaiset kappaleet toisessa seinässä ylösalaisin ja vasen-oikiasti?

Sentähden, että kappaleesta lähteväiset säkeet reijästä suoraan sisälle mennessänsä siinä käyvät ristiin josta ylimmäiset juotuvat alimmaksi j. n. e. Tästä nähdään myös minkä vuoksi kappalten kuva silmän pohjassa on ylös alasin.

30. Mintähden näyttää kuu suuremmalta kuin tähdet, vaikka tietään moninkertaisesti pienemmän olevan?

Sentähden, että kuu lähempänä ollessansa näkyy silmään suuremmalla näköloukkomella.

31. Mintähden näyttävät aurinko, kuu ja tähdet aivan ymmyriäiset kuin pallot ollensa litteältä ja tasaiselta kuin pyöreät laudan palaiset?

Sentähden, että niiden arvaamattoman etään päästä eri paikoista lähteväin säetten pituuden eroitus tulee niin arvaamattoman vähäksi, et' eivät silmät taida sitä ollenkaan tähdätä, vaan kaikki tulevat näkymään yhtä pitkänä.

32. Mintähden näyttävät aurinko ja kuu suuremmalta ylös noustessansa ja alas laskeissansa kuin keskellä taivasta ollessansa?

Sentähden, että meidän näkimiin tulevaiset säkeet, käyvät viteeseen ilmakertain läpi, ja ilmassa olevain höyryainetten vaikutuksesta vetäyvät yhteen päin, jonka vuoksi silmiin näkyvät suuremmalla loukkomella kuin kohdastansa keskeltä taivaan tullensa. Höyryaineet vaikuttavat samaten kuin suurennuslasi.

33. Mintähden suurentavat keskipaksut lasit (*lentes convexæ*) läpinähtäviä kappaleita?

Sentähden, että ne kokoavat nähtävistä kappaleista tulevia säkeitä suuremmalla loukkomella silmään tulemaan ja näin kuvan suuremmaksi näyttämään. Mitä enemmän kupuva lasi on, sitä enemmän suurentaa se.

34. Mintähden taitavat tähden sydän-päivällä näkyä syvän kaivon pohjasta?

Sentähden, että tähtein valo kaivoon vaikuttaa pään päältä kohdastansa väkevämmin kuin auringon viteeseen (vitalikkoon vintoon) (*oblique*) tulevaiset säkeet, jotka usiampia kertoja taituttuansa vasta silmään tulevat.

35. Mintähden näyttää kaukana seisovat nelisnurkkanen torni ymmyriäiseltä?

Sentähden, että säkeet tornin nurkista etään vuoksi eivät tee huomaittavaa näkö-loukonta, jontähden himentyvät siksensä näyttämään tornia ymmyriäiseksi.

36. Mintähden välkkyvät tähdet ikään kuin vapisemalla?

Sentähden, että niiden valo tulee meille usiampien ilmakertojen läpi, jotka aina ovat liikunnossa ja vaikuttavat valosäkeiden päälle. Melkein samalla tavalla näyttää auringon kuvakin välkkyvän liikkuvassa vedessä.

37. Mintähden näyttää tulinen hiili, pikaisesti ympäri heilutettuna (viipottetuna), kuvaavan tulisen viivan aivan ympärinsä?

Sentähden, että silmä pitää tunnon siitä vaikutuksesta jonka sai tulen vissistä paikasta lähteissä siihen asti, että tuli ennättää samaan paikkaan. *i*)

38. Mintähden ei näytä märkä paperi-arkin osa niin valkoselta kuin kuiva?

Sentähden, että valon säkeet, löytäin paperin huokoiset täytettynä läpinäkyvällä aineella, vetäyvät paperiin, ilman siitä takasin poukahtamatta. Mutta jo tiedämme kappaleen näyttävän sitä tummemmalta, mitä vähempi säkeitä siitä takasin lähtee.

39. Mintähden emme näe kappaleita kahdeksi kahdella silmällä kuitenkin katsellessamme?

Sentähden, että näkö-liudat, jotka silmäin pohjassa vastaanottavat kappalten kuvat, yhdistyvät ennen pääsyänsä aivuihin, jossa meidän aistimieme pääsia on ja jossa me vasta saamme tuntoomme ja tietoomme nähtävän kappaleen.

40. Mintähden ei näe ihminen omaa kuvaansa kuvaimessa, seisoissansa vinossa sen edessä?

Sentähden, että valon säkeet yhtä suurella loukkomella palauvat kuvain-lasista, kuin siihenkin ovat

tulleet (*angulus incidentiæ* = *angulo reflexionis*).
Omaa kuuvaa nähdäksemme tarvitaan olla niin ku-
vain-aseen edessä että silmästä siihen lentävä säen
joutuu suorakohtaan, eli oikiassa loukkomessa sii-
hen samalla tavalla takaisin puokotaksensa. *k*)

41. Mintähden pienentävät muutamat lasit niiden
läpi katsottuja kappaleita?

Sentähden, että ne ovat keskiohut-kupuvaiset (*con-
cava*) ja hajottavat läpi tulevaiset valosäkeet, jon-
tähden nämät tulevat silmään pienemmällä loukko-
mella. Mutta tämän lokkomen suuruudesta tai pie-
neydestä tulee meille kappalten suuruuden arvanto.

42. Mintähden täytyy kalan-ampujan tähdätä ve-
teen jotain alemmaksi sitä paikkaa kuin kala nä-
kyy?

Sentähden, että 1) valon säkeet, viteeseen vesipin-
nan läpi tullessansa, vielä taittuvat siinä enemmän
viteeseen päin näyttämään kalaa ylempänä kuin on-
kaan; 2) luotikin vettä vastaan tullessansa jotain
kääntää kulkunsa.

43. Mintähden näkyy kuu välittäin pimitettynä il-
man pilven peittämätä?

Sentähden, että kuulla ei ole itsestänsä valoa vaan
loistaa sillä, joka tulee auringosta; mutta Maan vä-
liin tullessa eivät pääse valon säkeet kohdastansa

kuuta valaisemaan, josta tulee kuun pimeneminen siihen asti kuin kuu joutuu pois maan varjosta.

44. Mintähden pimenee aurinko?

Sentähden, että kuun juoksu maan ympäri välittäin asettaa sen auringon ja maan väliin varjollansa peittämään jonkun osan maata. Kuitenkaan ei ulotu kuu, pienempi ollensa, peittämään koko aurinkoa, josta sen pimenemiset tulevatkin monen muotoisiksi.

45. Mintähden tulee syvänlaisen astian pohjallen pantu kiillastava kappalet näkyviin silmiin uudellensa niin pian kuin vettä astiaan kaataan?

Sentähden, että astian tyhjänä ollessa valon säkeet kappaleesta lähtevät tai yli meidän silmäimme tai astian laitoja vastaan ja sillä estetään silmiin tulemasta; mutta vaikka vedessäkin säkeet lähtevät ylöspäin niin taittuvat ne kuitenkin veden pinnassa tiviämmästä harvempaan väliaineeseen lähteissänsä hajallenpäin, ja pääsevät näin silmään.

46. Mintähden tulee pienen reijän läpi pimiään huoneeseen päästetty valon säet, kolmistahkoisen lasin (*prismate vitreo*) eteen pistettyä, valkosessa vasta-seinässä seitsen-karvaseksi niin kuin taivaan kaari?

Sentähden, että sanottu valon säet kolmitahkoisessa eli kolmi sulkaisessa juurikuin erkanee erinäisinä säinä erin-muotoisella karvalla näkymään tässä järjestyksessä: punaisella, ruskialla, keltaisella, viheriäisellä, vaalean-sinisellä, tumman-sinisellä ja teräksen-karvasella, jotka kaikki yhteen tekevät karva-kuvannon (*Spectrum prismaticum*).

47. Mintähden näyttää pyöreän lautaisen päällys 7:mään osaan jaettuna ja lähinnä nimitetyillä 7:llä karvalla kaunistettuna, valkoiselta, jos hyvin surahtain saadaan pyörimään?

Sentähden, että pyörinnön pikaisuus ikäänkuin yhdistää uudellensa valon säkeen 7 säätä, näin yhtä valkoista valoa näyttämään, ja silmä vähän aikaa pitää tunnon edellisistä vaikutuksista.

48. Mintähden tulevat kraput keitettäissä punaisiksi?

Sentähden, että niiden kuorikalvon pienimmät osaiset joutuvat keittämällä erinlaatuiseen asentoon entisestänsä, ainoasti punaisia valo-säkeen säitä päästämään ja muut kaikki sisäänsä vetämään.

49. Mintähden tekevät pilvet ja sumu (huuru) päivän valon himiämmäksi?

Sentähden, että sumussa ja pilvessä olevaiset vesirakkoiset lukemattomia kertoja eroittelevat ja tait-

televat valon säettä ennen ihmisten näkyviin pääs-
tyänsä.

50. Mintähden mustutetaan lasi savulla, koska au-
rinkoa aivotaan tarkemmin katsella?

Sentähden, että ihmisen silmät eivät kestä enempää
aikaa aivan paljaaseen aurinkoon katsoa, vaan
taikka kohta heijastuvat auringossa ei mitään näke-
mään, taikka jälkeenpäin enemmäksi ajaksi sokais-
tumaan, ainakin heikenemään; Mutta tämänlainen
mustuttaminen pitää enimmän osan valon säkeitä
läpi lasin laskemata, jontähden ainoasti väkevim-
mät punaiset ja keltaiset silmän näköön pääsevät.

51. Mintähden punottavat pilvet toisinansa aurin-
gon alennessa? eli mistä tulee aamu- ja iltarusko.

Sentähden, että ilmassa olevaiset höyry-aineet
eroittavat valon säkeet ja vetävät puoleensa kaikki
muut, päästäin ainoastansa punaisen ja keltaisen lä-
pitsensä. Samasta syystä näyttää täysi kuukin nous-
tessansa punaselta.

52. Mintähden näemme huoneessa ollessamme ja
akkuna-lasin läpi, sivutse liikkuvaisia selvemmin
kuin hemeite?

Sentähden, että päivän valo sisällä huonessa on hei-
kompi kuin ulkona. Ulkona olevaisten silmäteräset
vetäyvät siitä ahtaammaksi, etteivät taida saada sel-

vää näköä sisältä; mutta sisällä olevaisten himiässä valossa avoisemmat silmäteräset näkevät täysin ulos. Varsin tätä vastoin näkevät ulkopimiässä olevaiset valkialla valistettuun huoneeseen sisällen; mutta sisällä olevaiset eivät näe valoisemmasta valkeudestansa niin ulkopimiään.

53. Mintähden näkevät muutamat ihmiset huonosti etäälle, eli kauvas?

Sentähden, että silmät ovat pullikupuvammat (*convexiores*), jontähden valon säkeet kokoavat kuvan näytökseen, ennen kuin joutuvat silmänperään liudet-kalvoa kohtaamaan. Jos sitä vastaan jo ennen silmiin tulemista onsikupuvilla laseilla (*lentibus concavis*) säkeitä harvennetaan niin joutuvat ne oikialla kuvapaikalla yhteen. Tämänlaisia silmiä kutsutaan lyhyt-näkeviksi (μνωπεϱ).

54. Mintähden on vanhempain ihmisten vaikea nähdä lähemmällä olevia pienempiä kappaleita?

Sentähden, että silmän sisukset ovat tulleet kuivemmiksi ja litteämmiksi (latuskaisemmiksi), näin ollensa ei saamaan näköpaikasta tulevia säkeitä kokountumaan edes silmän peräpohjaankaan, (josta kuvainto tulisi) vain vasta edemmäksi, jontähden net näkö-kuvain-paikalla ovat liian hajanaiset. Siitä tulee että kaukaa näkeväiset ihmiset tarkoin nähdäksensä tarvitsevat pullikupuvia lasia, silmäin edessä jo kokoamaan säkeitä. *l*)

55. Mintähden näyttää sininen vateet viheriäiseltä tuli valolla?

Sentähden, että tuli valosta aina tulee keltaisia ja ruskioita valon säitä yhdistyviä vaatteesta tulevain sinisten kanssa, joka liitos myöskin tekee viheriäisen.

V Luku.

Tulesta, Lämpimestä ja Sähöstä.

Johdatus.

1. Lämmin eli lämpö on erinomaisen hieno, painolla mittamatoin, juokseva ainet, joka salaisesti aina on kaikissa kappaleissa ja monella tavalla ilmoittaa itsensä sekä luonnon omissa vaikutuksissa, että ihmisten kurilla ja konsteilla. Salassa ollessansa kutsumma sitä sidotuksi; mutta ilmi tulee Lämpö kuumuutena, tulena eli valkiana, muutamain kappalten sulaamalla juokseviksi, toisten muuttamalla höyryksi j. n. e.

2. Kappalten läpikäydessänsä eroittaa Lämpö niiden osaiset, paisuttaa eli avaruuttaa niitä, lisäten niiden kokoa. Tämän paisuttavan laadun päälle on perustettu.

Lämpömittarin (*Thermometerin*) laitos. *a*)

Tämä kapinet (konet, värkki) tehdään hivushienosta lasi-pillistä (eli lasi-putkesta), jonka toinen pää on puhallettu pienoseksi palliksi, joka vissillä määrällä täytetään elävällä-hopialla, taikka viinan väellä (*Spiritus vini*) *b*). Täydellisesti ajamaan ulos kaikkea märkyyttä ja ilmaa pillistä ja juoksu-aineesta lämmitetään tämä täyteen kiehun-

toon, jolloin avonainen pää pikaisesti puhalletaan
umpeen, ja yhdellä lämpimellä väännetään (kou-
kistetaan, väärään) pitimen pääksi. Lämpömää-
rämä-ainet painuu jähtyissänsä pohjaanpäin, jättäin
pillin ylisen pään aivan tyhjäksi. Tämä koukkunok-
kainen pillipalli asetaan parhain puuliuskan kyl-
keen, johon kahden puolen taitaan ylöspanna mää-
räimet niin hyvin yhdellä kuin toisellakin tavalla.

Tämä aset pidetään hyhmässä ja merkitään siinä
hyytö- (jäädytys-) raja 0 merkillä näyttämään ettei
ole kylmä eikä lämmin: sitte pidetään sitä kiehu-
vassa puhtaassa vedessä kiehuma-rajan toimitta-
maksi. Hyytö- ja kiehuma-rajan väli on jakailtu
usiammalta Luonnon tutkistelialta monella tavalla;
paras ja yksinkertaisin on minun nähdäkseni sata-
askelinen (*centigradus*) jonka Ruotsalainen Celsius
niminen mainio mies on toimittanut.

Lämpömittarilla taitaan sitte pakkainenkin mitata
hyytö- eli sulama-rajasta alaspäin samanlaisilla sa-
dannes askeluksilla kuin ylöskinpäin. Ylöspäin
nousevaiset ovat lämpimän gradia, (*exempligratia*)
+ 36° tavallinen verilämmin ihmisessä; ja kylmän
puolella − 40° elävän-hopian hyytyminen takoma-
lujaksi, joka meidänkin pohjanperäisissä maissa
harvoin näkyy. *C*)

3. Lämpömittarilla (*Thermometro*) saadaan monta
hyvää asiaa oikein tietoon. Lämpimän- eli nou-
sema-puoli merkitään aina *plus* eli +, ja hyytö-ra-

jasta pakkais- eli vilu-puoli *minus* — näin merkitsee
+ 10° C. kymmentä gradia lämmintä ja — 10° C.
kymmengradista pakkaista, joka alkaa lumessa jal-
koja kirskuttaa.

4. Edellä on sanottu ilmassa olevan vissin osan
Happoa (*Oxygenium*). Kaasuna eli höyrytilassa pi-
tää sitä lämpö; mutta jos tämä kaasu joutuu senlai-
sen aineen pariin joka vetää puoleensa happoa vä-
kevämmin kuin happo vetääkään lämpöä; niin on
nähtävä happokaasun täytyvän antaa haponsa täl-
len aineellen, päästäin lämpönsä irtanaiseksi kuu-
muutena tuntumaan, jossa sivussa valo tulee näky-
viin. Tämänlaista valon ja kuumuuden yhdistystä
kutsumme tuleksi eli valkiaksi. Liekiksi nousevat
palavaisen aineen, lämmöllä hajotetut osaiset, saa-
maansa happoa laatuansa myöden, taikka oikein
palamaan. Saatuansa näin happoa nousevat toiset
savuna ylös, toiset jäävät hiileksi ja erinomattain
tuhvaksi.

Tulen voima tulee hapon alinomaisen runsauuden
päälle. Mitä runsaammin happoa, sitä enämmin
kiihkenee tuli, sitä suurempi kuumuus ja sytytyk-
sen voima. *d*)

Mintähden ja Sentähden.

5. Mintähden tulee kuumennettu rautakanki pitem-
mäksi, paksummaksi ja leveämmäksi?

Sentähden, että lämpö eroittaa raudan pienimmät osaiset hajammallen aina kuumuutta myöden, viimmein aivan juoksevaksikin. *e*)

6. Mintähden ei sula puu lyyjyn tavalla?

Sentähden, että puun aineset ovat usiampaa laatua, lyyjyn vain yhtä ollessa, jonvuoksi net hajoavat jokainen laatuansa myöden tarpeeksi saatuansa hapon ainetta; mutta lyyjyn ainet, yhtäläinen, vielä sulanakin yhdessä pysyypi.

7. Mintähden on savutorven liika-varhainen sulkeminen vaarallinen?

Sentähden, että hiilihapon kaasu jota häyryksi, kaasuksi, katkuksi, hääksi kutsutaan, ja joka hiiloston sinisestä liekistä lähtee, on äkeimmin tappavia aineita, niin että siinä jonkun vähän ajan oltuansa, ja sitä henkitettyänsä, ihminen tulee tiedottomaksi ja hervottomaksi, itseksensä aivan avuttomaksi, ja hyvin pian tosikuolevaksi, jos ei muut ennätä toimittamaan vilpaaseen ilmaan ja etikalla, lumella, taikka hätävarassa raikkaalla vedellä virvottamaan. (*f* & *g*)

8. Mintähden ei pala' tuhka uudellensa?

Sentähden, että tuhvan perä-ainet on jo täytetty hapolla, eikä enään vedä sitä puoleensa palamaan asti.

8. *b*) Mintähden kuumenee kuiva tuhka kostiaan, vaikka kylmäänkin, huoneeseen vietyänsä?

Sentähden, että se on aivan ankara vetämään vesiainetta puoleensa eroittain veden huuruna pitäväisen lämmön aivan polttavaiseksi kuumuudeksi.

9. Mintähden kiihtyy tuli puhaltamalla?

Sentähden, että 1) puhallus jouduttaa enemmän happokaasua palo- eli tuli-paikkaan, kuin muutoin tulisi; 2) ilman eli puhaltamisen liikunnolla tulevat vielä kuumuudella irtauvaiset eli erillensä lähteväiset aineiset paremmin entisen tulen yhteen.

10. Mintähden syttyy taula yhtäkkiä palamaan ilman- paino-putkessa? *h*)

Sentähden, että ilma osaistensa välissä pitää niin paljo lämpöä kuin tarvitaan kuumuuden saamiseksi, ja että se hyvin äkkisellä painolla siitä lähteekin yhtaikaa eroittain happoa sytyttämiseksi.

11. Mintähden palaa kuiva puu paremmin kuin märkä?

Sentähden, että märkä puu on vedellä täytettynä ja näinkin jo entiseltä pitää happoa. Ilman sitä tarvitsee vesi höyryksi tullaksensa niin paljon lämpöä, ettei sitä ulotu puuaineisten hajottamiseksi ja sytyttämiseksi.

12. Mintähden tuntuvat muutamat kappaleet lämpi-
mämmältä kuin toiset?

Sentähden, että lämpö alinomaa pyrkii jakamaan it-
siänsä tasan kaikkialle, juosten lämpimämmästä
kappaleesta kylmempään. Mutta ihminen tuntee
lämpimän tulevan puoleensa lämmittämisen tun-
nolla, ja lähtevän itsestänsä viluttavalla eli kylmää-
vällä tunnolla; taikka jos pistää kätensä lämpimään
veteen, niin tuntuu se lämpimältä, lämmön juosten
vedestä käteen, mutta jos tarttuu jääpalaseen, tun-
tuu se kylmältä, sillä se vetää lämpöä kädestä läh-
temään.

13. Mintähden tulee kiehuvan vesipannun kahva
niin kuumaksi että kättä oikein polttaa?

Sentähden, että tämä kahva, eniten rautainen, on
ankara lämmön johdattaja (*conductor caloris*),
niinkuin useimmat metallit; mutta jos tehdään pui-
nen varsi, taikka kääritään niiniä, olkia tai riepuja
ympäri kahvan, niin ei tunnukkaan kovin kovasti
käteen.

Tästä näkyy eroitus ankarain ja huonoin lämmön
johdattajain välillä. Ankarimmat ovat metallit;
huonommat tuhka, sysi (hiili), puu, oljet, paperi,
palttina, villat, nahka- eli karva- elikkä turkkivärkit
j. n. e.

14. Mintähden ovat villaset vaatteet lämpimät?

Sentähden, että villat ovat hyvinkin huonot läm-
mön johdattajat, ja sen vuoksi ruumiin ympärillä,
vaatteena käärittynä eli sovitettuna, estävät ruu-
miissa olevaa lämpöä ulos pääsemästä. Ajateltava
on asia kaikkein huonompain lämpöjohdattavain
ainetten oleminen lämpimen pitämiseksi kaikkein
parhaina.

15. Mintähden jähtyvät kappaleet niiden päälle pu-
haltamalla?

Sentähden, että puhallus vetää paljo kylmempää il-
maa kappaleen kylkeen vastaan ottamaan lähtevää
lämpöä.

16. Mintähden sulaa päivän paistet vaksin (meden-
vahan)?

Sentähden, että auringon säkeet tunkeuvat sen läpi,
eroittain sen osaisten muutenkin huonon koossa
pysynnön sitä keviämmin kuin auringon säkeet vai-
kuttavat lämpimän ynnä valon kanssa.

17. Mintähden kovenee vetelä ropakko-loka päivän
paisteessa?

Sentähden, että päivän säkeiltä vaikutettu lämmin
ennen kaikkia yhdistyy tämänlaisessa loassa ole-

van veden kanssa muuttamaan sitä höyryksi, jättäin loan osaiset keskensä kiintiämmästi liittymään.

18. Mintähden on aivan korkeilla vuorilla kylmä?

Sentähden, että 1) ilma siellä on ylön harva kokoomaan auringon säkeissä vaikuttavaa lämmintä; 2) siellä on vähempi, tahik aivan ilman lämmintä eroittavia ja puoleensa vetäviä kappaleita, kuin onkaan laaksoissa niiden välillä; 3) lämmintä pyrkii maastakin aina ylös- ja ulos-päin – paremmin kuitenkin aina koossa pysymään pilvisellä säällä, kuin aivan kirkkaan taivaan alla. Mutta korkeinten vuorten yli eivät pääse pilvet nousemaan, jontähden niidenkään koossa pidäntö ei auta.

19. Mintähden ovat kellarit lämpimät talvella ja kylmät kesällä?

Sentähden, että ne melkein pitävät yhtäläisen tasalämpimän nuon + 10° C. Näin tulee kesällä kahden ja kolmenkinkymmenen gradin (askeluksen) lämpimästä ilmasta, sinne menevä ihminen tuntemaan kellarin kylmäksi, itsestänsä ja vaatteistansa ulospäin lähtevän lämpimen vuoksi; mutta talvella parinkymmenen – 20° C. pakkasesta kelpokellariin menevälle ihmiselle tulee luonnollisesti lämpimän tunto, sillä kellarissa oleva enämpi lämpö jouksee häneen.

20. Mintähden sammuu valkia eli tuli vedellä?

Sentähden, että kyllällisen veden kanssa tuleva kylmä jähdyttää palavaisen aineen kuumuutta yhtaikaa kuin vesi peittää sen pintaa, ja näin estää hapon pääsemästä paloa kiihdyttämään.

21. Mintähden sinkoilevat kipinät, teräksellä piitä (limpsiäntä) vastaan lyödessä?

Sentähden, että pikaisella hierännöllä kovan piin nurkkausta vastaan teräksestä lähtee hieno siruinen, joka jo lähteissänsä lämpenee happoa puoleensa vetäväksi, ja siitä kuumenee aivan tulisen sulavaksi.

22. Mintähden syttyvät kaksi puunkappaletta, kovasti yhteen hierottuna, tuleen?

Sentähden, että jo hieronnon painolla puunosaiset eroilemallansa ja kokoonpainumallansa päästävät lämpöä irtanaiseksi; ja yhdessä kappalien osaisia hapon hakeviksi. i)

23. Mintähden nousee löylynlaatuinen hiki kiehuvasta padasta?

Sentähden, että veden kiehunto tulee sen kaasuksi muuttumisesta padan pohjassa, ja hieksi, höyryksi, huuruksi muuttuu se, muillen eteentulevillen kappaleillen lämpönsä päästettyä.

24. Mintähden pysyvät vedet ja viinat hyvänä astiain pitämällä märjissa sammaleissa?

Sentähden, että märkyyden höyryäminen vetää pois kaiken ulkoa tai asioista tulevan lämpimän. Eli sammalten jähtyissä höyrymisestä, lähtee lämmin astioista niihin. (Muist. 1) kuitenkaan ei kestä tämäkään päivänpaistetta, vaan vaatii varjopaikkaa. 2) Tällä tavalla saadaan kyllä viina ja vesi kylmän raikkaaksi, mutta jos viinan maku jo on pahennut niin ei se siitä parane).

25. Mintähden särkyy lasi jos yhtäkkiä puolellensa kiehuvaa vettä pannaan?

Sentähden, että veden kuumuus niin yhtäkkiä avaroipi sen osan lasia, johon vesi käypi, mutta lasin ollen jotenki huonon lämmön johdattajan, jääpi toinen puoli kylmyyden kutistukseen, jontähden rajalta täytyy eroittua.

26. Mintähden tulee pitkä- hoikka-kaulaisessa lasiastiassa (Putellissä) kylmänä täytettynä jollain juoksevalla aineella, ja näin pistettynä lämpimään veteen, märkyys ensi alussa laskeumaan?

Sentähden, että lasi saapi lämmintä ennen kuin sisällä oleva märkyys, ja avarointuu sillä, jonvuoksi märkyyden alussa täytyy alentua; mutta niin pian kuin märkyyskin lämpenee, lähtee sekin paisumaan

moninkertaisesti enemmän, ylikin juoksemaan;
taikka jos tulppa on kovin lujassa särkemään astian.

27. Mintähden tulee ihminen hikeen jouksemisesta
ja muusta kiireestä liikunnosta?

Sentähden, että kiireempi liikunto saattaa veren
juoksemaan kiiruummin ympäri koko ruumiin,
joka juoksu-kerralla myöskin käymään keuhkoin ja
sydämen kautta; mutta mitä enämpi verta keuhkoi-
hin (tävyihin) juoksee, sitä kiiruummaksi tulee hen-
gen veto; näin tulee siis ilma aina enemmän vaikut-
tamaan veren muutoksen päälle, näin antamaan
enemmän happokaasua vereen, josta lämpö lisään-
tyy, ja alinomainen ihon höyry yhdessä, siksi ettei
ilma taida ottaa kaikkea höyrynä vastaan vaan joku
osa jääpi hikenä juoksemaan.

28. Mintähden sanotaan kuumuutta tarkoitellen:
kuuma kuin kiehuva öljy taikka niin kuin sulattu
lyyjy?

Sentähden, että kaikilla kappaleilla on erinlainen
lämpömäärä kussakin olento laatunsa muutok-
sessa. Hyytynyt vesi (jää) sulaa siinä jota luetaan
lämpimän ja kylmän rajaksi, sulavesi kiehuu
$100°\,C$. kuumuudessa; mutta öljy vaatii kiehumi-
seksensa $+300°\,C$. ja lyyjy sulaamiseksensa
$+282°\,C$. Siis on kiehuva öljy kolmenkertaisesti
kuumempi kuin kiehuva vesi, ja sula lyyjy myöskin

lähellen niin kuuma. Mutta harkkoraudan (takki-
raudan) sulaaminen vaatii + 9,970° *C.* kuumuuden.

29. Mintähden nousee tali palavan kynttilän sydä-
messä ylös valkiaa kohden?

Sentähden, että sydämen huokoiset hivusvedännöl-
länsä (*attractione capillari*) nostavat sitä ylös, sitä
myöden kuin liekki hajottaa edellä juosneen ja su-
lattaa alempana olevaa.

30. Mintähden nousee tulen liekki ylöspäin?

Sentähden, että kylmemmän ilman kaikilta puolilta
tuleva paino nostaa lämpimellä harvennettua.

31. Mintähden syttyy kynttilän sydän nykyisin niin
sammutettuna ettei paljo savuakaan suitset, jos
toista kynttilää lähennetään?

Sentähden, että niinkauvan kuin kynttilän sydä-
meen nousee lämmennyttä tulihikua, niinkauvan
taitaa vielä tuli-hikikin vetää puoleensa toisen
kynttilän liekistä niin paljo kuumuutta, kuin tarvi-
taan happokaasun yhdistystä palavain aineiden
kanssa uudellensa vaikuttamaan.

32. Mintähden jos minä vähän aikaa toisessa kä-
dessäni pidän kuumaa rautaa, toisessa lunta ja sitte
pistän molemmat käteni yhteen veteen, tuntuu sa-

ma vesi jähtynellee kädelle lämpimäksi, mutta kuu-
mennetulle kylmäksi?

Sentähden, että kylmän ja lämpimän tunto tulee
lämmön ruumiistamme lähdennöstä, taikka puo-
leemme tulosta. Mutta lämmön ainet, taikka voima,
pyrkii aina tasauntumaan lähellä olevain kappalien
välillä, ja näin tulee lämmitetystä kädestä lämpöä
lähtemään ja jähdytettyyn käteen juoksemaan.

33. Mintähden näkyy lämpiminä ja tyveninä kesä-
iltoina, pimiän tullessa, pieniä sinertäviä tuli-soit-
toja juurikuin hyppelevän rämet-paikoissa ja hau-
taus-tarhoissa?

Sentähden, että kaikenlaisia kaasuja, niinkuin mär-
köä (*Hydrogenicum*), (*Phosphoron*), tulikiveä eli
rikkiä (*Sulphur*) j. m. senkaltaisia aineita höyrähte-
lee mätänevistä kappaleista, ja ilmassa saavat hap-
pokaasua syttyäksensä senlaiseen puolituleen joka
ei polta eikä oikein valaise', mutta kuitenki näkyy
pimiässä. Näitä Virmaksi (*ignes fatuos*) kutsuttuja
soittoja eli liekkilöitä on tietämättömyys ja siitä
seuraava epäusko pitänyt sekä aarnihautain halti-
oina, että pahan hengenkin ilmestyksinä.

34. Mintähden pakenevat tai näyttävät nämät virrat
pakenevan kohden menevää ja ajavan takaa pois-
juoksevaa?

Sentähden, että ihminen aina kuljettaa ilmaa ympärillänsä ja ikäänkuin ajaa edellänsä tätä keviästi liikkuvaa ainetta, ja samati vetää sitä jälkeensä, mutta virvan palo-aineet ovat vielä keveämmät niin menee liekkilöinen edellä sinne päin jonne kulkevan veto viepi j. n. e.

35. Mintähden näkyy selkeinnä öinä tähtein juurikuin putoilemia, eli lento-tähtiä?

Sentähden, että monet maasta lähteväiset höyryaineet yli ilmassa yhtyvät toisiinsa ja tästä tulevalla kuumudella syttyvät tuleen vähäksi ajaksi loistamaan lennossa, taikka maata kohden pudotessa. Eniten alkaa tuuli seuraavana päivänä puhaltaa sitä suuntaa eli johtoa jota nämät yöllä näyttivät lentäneen.

Mutta tarkempaa tietoa niistä ei ole, sillä ne loppuvat aina ennen maahan päästyänsä, jontähden niitä ei ole saatu käsiin tutkittaviksi.

36. Mintähden näkyy välittäin ilmassa lentävän tulipalloja, jotka särkyvät pieniksi ympärinsä kimmoviksi palasiksi, näin tulisateena alastulemaan?

Sentähden, että edellä nimitetyllä tavalla yliilmassa yhdistynein aineiden pariin tulee sähkö sytyttämään niitä ilmituleen. Tätä Luonnon suurta vaikutusta taitavat oppineet mukailla, puhaltain saipuvavedestä märkö-kaasulla täytettyjä kuploja eli vesikelloja eli vesi-rakkoja, ja näitä Sähkökipinällä sytyttäin. Kupla lentää näin jonkun matkan ja paukahtaa viimmein rikki, eli särkyy tulisella paukauksella.

37. Mintähden taitaan Sähkökoneella (*apparatu electrico*) sytyttävä tulikipinä matkaansaada?

Sentähden, että sähkö, joka on painamatoin ainet (*imponderabile*), hieromalla saadaan eroimaan kahteen aivan samati kuin lämpö ja vilu erinäisellä tavalla vaikuttaviin osiin, erinomattain niistä kappaleista ja aineista, jotka muutoin ovat sen johdattamattomat (*corpora non conductoria, idioelectrica*); sitte pysyin siinä johto-aineessa, johon sitä on koottuna, siksi kuin joku toinen johtokappalet tulee lähennetyksi, niin lähellen, että sähkö voittaa välillä olevan kappaleen estyksen ja kipineenä lentää sen läpi toiseen johto-kappaleeseen. (Itsesähköisiä kappaleita ovat: Lasi, kuiva-pihka eli hartsi, hivukset ja karvat, kuiva-puu, silkki, rikki (tulikivi).

Täysi-johtoiset erinomattain kaikki metallit, eläväin ruumiit, vesi ja maa j. n. e.)

38. Mintähden pidetään johdatus kapinet lasi-jalalla?

Sentähden, että johdatus kapineseen ei saa koskea millään johdattavalla aineella niinkauvan kuin sii-

hen Sähköä tahdotaan koota: Mutta lasi-jalka pitää
sen paikallansa, niin kuin myös silkkiset-kannatti-
metkin sähkövoiman poisjohdattamata.

39. Mintähden kutsutaan Sähkö Elektrisiteetiksi?
ja mistä vielä sähkönimikin on kotoisin?

Sentähden, että Vanhoilla kansoilla kalliina pidetty
ja siihen aikaan Itä-meren etelä rannalla maatuvista
lieteistä kaivettu kivipihka', Saksalaisten Bern-
stein, jota Grekalaiset kutsuivat Elektron, havait-
tiin, hierottuna villaiseen, vetävän puoleensa kai-
kenlaisia pieniä kappaleita ja yhtäkkiä ampuvan net
pois, myöskin isommassa palasessa antavan sähäh-
tävän säkenen joka pisti likeellä pidettyyn sormeen.
Sitemmin on huomaittu usiamman muunkin aineen
ja kappaleen hieromalla saatavan sähähtäin sä-
kenöimään, niinkuin terveen ja lihavan luontokap-
paleen karvain ihmisten hivustenkin j. n. e. Tämä
sähähtämällä säkenöiminen on vetänyt minun en-
nen nimetöintä voimaa taikka ainetta Sähkö-voi-
maksi tai aineeksi nimittämään.

40. Mintähden tulee sähkö-voima niin kipinänä
pistämään ihoon?

Sentähden, että väliainet (*medium*), ilma, hyvin
kuivana, on aivan johdotoin, jontähden kokous-ko-
neessa (*conductor*) saadaan pysymään niin paljo
voimaa, kuin tarvitaan väliaineen estettä voitta-
maan, ja jonkun vähän matkan päähän sen läpi am-

pumaan toista johto-ainetta kohden, sillä aivan samati kuin lämpö, pyrkki sähkökin tasaamaan itsiänsä kappaleesta kappaleeseen.

41. Mintähden asetetaan sähkötettävä ihminen lasijalkaisen tuolin päälle?

Sentähden, että lasi estää sähköaineen eli voiman jouksemasta kauttansa maahan, joka on sen suurin ja yhteisin johdattaja (katso 38). Pihka- (hartsi-) paakun päällä seisominen kävis yhtä hyvin laatuun, sillä sekään ei johdata vaan kokoaa ja pitää koossa sähkönainetta tai voimaa. Näitä itsesähköisiä aineita kutsutaan eroittaviksi eli sulkeviksi (*isolatoria*).

42. Mintähden kokoontuu sähkö-voima pilviin?

Sentähden, että se, ynnä lämmön kanssa, on vesihöyryn ja muidenkin ainetten nostajana, mutta kuiva ilma sulkee (isoleraa) sen pysymään pilvissä vesihöyryn kanssa siksi että pilvet kokountuvat paksuksi sadettakin antamaan, jolloin siis sähkövoimakin joutuu väkeväksi ukkoisen ilmana itsensä ilmoittamaan.

43. Mintähden puhkee Ilman Sähkö pilvistä pitkäisen leimauksella ja ukkosen jyrinällä (jylinällä)?

Sentähden, että ylönpaltinen Sähkövoima, koottuna paksuun pilveen, viimmein voittaa väliaineen vastuksen lähimmäistä johto-ainetta kohden, len-

täin vallattomana kipinänä (säkeneenä) sinne, pil-
vissä paukkinalla eli rätinällä sytyttämään irta-
naista märköä, ja maan päällä tapaamaan korkeim-
mia kappaleita, puita, kallioita, yksinäisiä korkeita
rakennuksia j. n. e. Paukkina, säkeneen vertainen,
kajahtelee sitte usiammat kerrat sekä ilmakerroista,
että maassa olevista kappaleista, julkisella jyrinällä
tätä sähkö-voiman suuruutta ilmoittamaan. k)

44. Mintähden asetellaan niin kutsuttavia Ukon-
johdattajoita?

Sentähden, että johtoaineet ja kappaleet, erinomat-
tain metalliset huippupäänä juurikuin puoleensa
vetävät tätä äärettömän väkevää ukkoisen sähkö-
voimaa ja niin vähentävät sen kokousta pilvissä,
johdattain sitä yhteen liitettyä metallista tallaa eli
kiskoa myöden mahaan asti, jossa se hiljaisesti ha-
joaa, ilman mihinkään koskemata mennessänsä. l)

45. Mintähden ei ole Ukkois-sateen aikana neuvol-
linen mennä pakoon pitkän puun juurelle?

Sentähden, että puun ladva vesimärkänä on varsin-
kin hyvä sähkö-johto joka siis puoleensa vetääpi
sitä voimaa, mutta alla puolen oksatoin varsi (eli
ranka, runko) on, kuivana, huono johdattaja, jon-
tähden vallan voima lyöpi juostessansa läpi, parem-
min johdattavaa elävän ihmisen ruumista myöten
maahan, ja paikalla tappaa taikka pahasti polttaa
hänen.

46. Mintähden ei vedellä, vedessä ja vesimärkänä tarvitse peljätä ukkoisen ilmaa?

Sentähden, että vesi, ollensa parhaita sähkövoiman johtoaineita, ottaa kaiken voiman vastaan ilman ihoon koskemata. Mainio Franklin niminen Amerikalainen löi sähkökoneesta lähtevällä kipinällä kuivan hiiren paikalla kuoliaksi, koska kastettu hiiri ei ollut samanlaisesta kipinästä millänsäkään.

47. Mintähden ei pidä kelloja soitettaman ukkoisen ilman aikana ja sen karkottamiseksi?

Sentähden, että huippupäiset korkeat tornit, johdon tavalla, vetävät sähköä puoleensa. – Jontähden pitkäisen aikona myös on neuvollisempi pysyä kotona, kuin kirkkoon mennä. Ilman sitä vaikuttaa kellon heiluminen pitkäistä puoleensa vetävän liikunnon ilmassa. Päälliseksi on myös kellon pesti useinkin ensimäisiä sähkö-voiman johtoaineita, jontähden myös monta turhaluuloista kellonsoittajaa on tässä tarpeettomassa työssä hengensä heittänyt.

48. Mintähden tulee sadet kasevammaksi kohta ukkoisen lyömisen jälkeen?

Sentähden, että sähkövoima, joka juuri pitkäisen leimauksena pilvistä lähtee ja jyrinänä kuuluu, laskee veden kaasuna olonsa-laadusta pisaroina juoksevaan ololaatuun, ja näin raskaampana putoamaan maahan.

49. Mintähden näkyy leimauksia ja väläyksiä (vilauksia) ilman jyrinän kuulumata (salama)?

Sentähden, että hyvin kaukaisesta pitkäisestä leimauksen valo kyllä taitaa näkyä määrättömän matkan päähän, mutta jyrinä ei kuulua niin etäälle, äänen kaikella tavalla hitaamman valoa ollessa. Nämät salaman lyömiset näkyvätkin pimiän tultua syys iltoina, josta näkyy valonkin etään vuoksi olevan niin heikon ettei jaksa voittaa päivän valoa.

50. Mintähden kuuluu jyrinä välittäin heti kohta leimauksen perästä, ja välittäin kauvemmin sen jälkeen?

Sentähden, kuin jo sanottiin (katso ilmasta 57), että kaikenlaisen äänen liikunto on hitaampi kuin valon, joka ei maan päällä aikaa tarvitsekkaan, tarviten ääni lerkkauksen ajan kuuluaksensa 1,200 jalan (600 kyynärän = 200, syllän) päähän. Jos siis jyräys kuuluu kohta leimauksen perästä, niin on ukkoinen aivan lähellä, mutta jos usiampia lerkkauksen aikoja kuluu ennen sen kuulumista, niin sanottu matka on yhtä monet kerrat yhteen luettava.

51. Mintähden sulattaa pitkäinen miekan-terän tupessa ilman tuppea särkemätä?

Sentähden, että siinä ilmoittavainen Sähkö-voima parhain seuraa metallin johtoa ja niissä enimmästi voimansa osottaa muuttain kangeimmatkin pehmiäksi ja kuonaksikin, ja hajoittain muutamat tomuksi. Kerrankin löi ukkoinen miehen kumoon, joka pian tointuessansa huomaitsi itsensä ilman vahinkota olevan, mutta kultarahat lakkarissansa yhteen sulanneena.

52. Mintähden taitaan kupuvilla lasilla ja metallisilla kuvain kapineilla sytyttää palavaisia aineita ja sulattaa sulaavia?

Sentähden, että se on jokapaikasta yhtätasan kupuva, niinkuin suuren pallon kyljestä otettu osa, ja sisäpuolelta kirkkaaksi hivutettu, niin käyvät siitä poukkovaiset auringon säkeet kaikki yhdessä paikassa (pistämässä) yhteen (*focus*) yhdistäin valonsa ja kuumuudensa, joka myös hyvin suuresta ja tasaisesti kupuvasta taitaan saada suuremmaksi kuin millään muulla ihmisten kokeella maan päällä.

53. Mintähden nuosee tulivuoresta tulta, tuhkaa, kivensulaa (kuonaa, *lava*) ja muita aineita?

Sentähden, että ne ovat maan alaisessa yhdistyksessa meren kansa, josta niihin tulee vettä, suolaa, ennen nimitettyä pikiainetta ja metallisiakin aineita, jotka yhdistyissänsä vuoressa itsessänsä olevain aineiden niinkuin tulikiven, rikin (*Sulphur*) kanssa, joutuvat juurikuin käymiseen, josta nousee

kuumuus, joka vielä vieläkin lisää käymista, eroit-
taa syttyvää märköä (*Hydrogenium*) ja muita sen-
laisia, sulattaa kallion ympäriltänsä siksi että tämä
paisuva pätsi viimmein ratkaisee kallion heikoim-
masta kohdasta, *m*) puhkeissansa nostain hirmuisen
savun, jossa ja jonka ympärillä kauhiat pitkäisen
leimaukset lentelevät, tuliset vahat poukkoilevat,
liekki nousee korkialle taivaalle, ja valain kivensu-
laa pitkin vuorenreunia. Muutamista Amerikan tu-
livuorista tietään vielä tulikuumaa vettäkin ja ka-
loja kuohuvan. Yhdestä meren lahdesta Sicilian
rannoilla kuivaa vesi. Etna nimisen tulivuoren puh-
keamista ennustamaan.

Ihmiset taitavat mukailla tulivuoria sevottain (häm-
mentäin) puhtaita raudan viilalastuja ja pieneksi
survottua (rikkiä) tulikiveä vähintänsä 10 naulaa
kumpaistakin, kaivain net maakuoppaan, muuta-
mia jalkoja syvälle, kaatain vettä päälle ja peittäin
maalla. Tämä pieni tulivuori puhkeaa nuon kuuden
tunnin (hetken) perästä.

54. Mintähden kutsutaan senlaisia vuoria Vulka-
niksi?

Sentähden, että pakanalliset Ruomalaiset, jotka
palvelivat erinäistä seppäin ja tulen jumalaa, nimit-
tivät tämän Vulcanus, ja luulivat hänen erinomat-
tain pitävän pajansa Etna nimisessä Sicilian tuli-
vuoressa koska sen paukkina puhkeemisensa edellä
oli kauhian vasaran paukkinan kaltainen. Sitemmin

ruvettiin muitakin tulivuoria kutsumaan Vulkanin pajaksi eli kerrassansa Vulkaniksi.

Niissä enimiten korkeimmalla olevasta kolpakon (pikarin) näköisestä reijästä jota vanhanaikaisella kolpakon nimellä krateriksi kutsutaankin juoksee muun kivisulan lakattua viimmeiseksi hohkaakiveä (*pumex*).

54. *b*) Mintähden on tämä kolpakko eli krateri aina vuoren kukkulalla?

Sentähden, että kuumuus enimmän pahtoo ja väkevimmin vaikuttaa ylöspäin, ja sentähden että jokaisessa puhkeuksessa aina jääpi hyytynyttä kuonaa siihen ympärillen, josta partaat ajan oloon nousevat aina korkiammaksi.

55. Mintähden löytyy niin paljo ulospalaneita, sammuneita tulivuoria?

Sentähden, että meren kuivaamiselta niiden tienoista, ja muilla väliin tulleilla esteillä, yhdistys meren kanssa on joutunut umpeen, kukatiesi myös vuoren syttyväiset aineet palaneet loppuun.

56. Mintähden löytyy korkeissakin vuorissa ja kaukanakin merestä raakun- ja simpukan- kuorikertoja, ja kokouksia muistakin senlaisista elävistä, jotka eivät elä muualla kuin meressä?

Sentähden, että ajan oloon meren rajat ovat muuttuneet enimmiten kuitenkin meri vetäynyt takaisin, että muutamin paikoin entinen matala maa on noussut korkealle, ja toinen korkeampi painunut alemmaksi niin vähittäin, ettei siitä juuri mitään miespolvessa ole huomattukaan. Mutta mitä karilla oli meressä ollessansa, sitä on vieläkin korkealle noustuansa, eniten kuitenkin kallioksi muuttununna entisen kuvansa haamulla. *n*)

Tästä sopii vielä sanoa, kuinka muutamia eläväin jäännöksiä löytyy, joiden muotoisia ja mukaisia enään ei ole moneen miespolveen nähtyy elävänä. Muutamat ovat kuolleet sukupuuttoon (perikatoon), niin kuin esimerkiksi, Sibiriassa jäätikän sisällä löytty mammot nimitettyy, kukaties kuinka vanha aivan lahomatoin, elefanttia paljon suurempi raato. Muutamat ovat taas ilman, olopaikan ja muiden ylöspidäntö asiain vuoksi niin muttaneet muotonsa että heitä on hankala entiseen sukuunsa lukea, niinkuin esimerkiksi koira (*Canis domesticus*).

57. Mintähden tuntuu maa välittäin järisevän?

Sentähden, että samanlaisia aineita, kuin tulivuorissa tietään palavan ja kuohuvan, muallakin maassa sattuu yhteen tulemaan, sillä maa on niinkuin elävä, sen sisässä jouksevat erinlaiset aineet tutkimattomia teitä, suonia ja johtoja, joiden seassa sähkö ja maneetti. Syttyväin aineiden yhteen sattuissa tulee maan sisällä palo, joka paisuttaa aineet

erinomattain kaasut (*gasia*) siksi, että jaksavat puh-
kasta päällimäisen kerran, joka tapahtuu suurella
paukkinalla ja järinällä, joka maan koossa pito-voi-
man ja jousto- eli puokko-voiman kautta tulee tun-
tamaan kaukaisen matkan päähän. Puhkema-pai-
kassa kääntyy useinkin kaikki ylös alaisin merelle
nousee maa ja ihanat maakunnat ja komeat kaupun-
git muuttuvat mereksi.

Muistutuksia ja Selityksiä.

I Lukuun.

a) Nimi Capillaris tulee latinan sanasta *Capillus* hivus.

b) Kappaleet taitaan jakaa kahdella tavalla, nimittäin koneellisesti (*mechanice*) ulkonaisella voimalla pienemmiksi palasiksi leikkaamalla, hakkaamalla, survomalla j. n. e. taikka aineellisesti, (*chemice*) sulaamalla ja toisten ainetten vaikuttamalla, polttamalla j. n. e.

II Lukuun.

a) Luonnon tutkinto (*Physica*) erottaa joustain juoksevien niinkuin ulkoilma, märkökaasu, happokaasu, hiilihappo ja pisaroittain juoksevien kappaletten eli ainetten välillä, jommoiset ovat vesi ja muut märkyydet, viinat, öljyt ja monta muuta.

b) Jokapäiväisessä elämässä nähdään myös tähän kuuluvia esimerkkejä, niinkuin heinätkin suovassa, (keossa) ovat päältä kehkiämpänä, pohjassa lujempana.

c) Joustain juokseva ainet eli kappalet kutsutaan savuksi ja höyryksi, huuruksi, sumuksi (*nebula*) jos se ilmaa himittämällänsä näkyy, mutta Kaasuksi (*gas*) aivan näkymätöinnä ollessansa.

d) Kemistaksi (*Chemista*) kutsutaan niitä Tieto- ja Taito-Miehiä, jotka kappalien aineellista jakailemista harjoittavat, ja alkuainetten vaikutuksia keskenänsä koittelevat. Erottain saavat he metallia, niitä pitävistä kivistä, märköä, taikka happoa vedestä ja kokoon panemalla murukultaa (*Aurum musivum*) tinasta ja rikistä, Sinoberia (*Cinnabari*) elävästä-hopiasta ja rikistä j. n. e.

e) Sillä pälköä happokaasua hengittäissämme joudutetaan kaikki elon toimitukset aina kiireemmin ja kiireemmin käymään vähimmäksikin viittä kertaa rajummin kuin tavallisessa ilmassa, niinkuin kynttiläkin siinä palaa sangen kirkkaasti, mutta joutuu myös sitä pikemmin palamassa.

f) Er. c. jos sormella painetaan täyteen puhallettua rakkoa, niin painuu ilma kokoon ja rakko antaa myöden, mutta sormen pois otettua nousee rakko entiseen suuruuteensa sisällä olevan ilman poukko- eli jousto-voimalla. – Niin menee rohdin- eli tappura-luoti alussa huokiasti sisälle mänty-pyssyyn, mutta sitä kankiammin mitä edemmäksi sitä pakotetaan ja mitä tiviämmäksi se painaa sisällä olevan ilman, aina siksi kuin ilman paino voittaa edellä olevan luodin ulos jonkun matkan päähän, pienellä paukauksella siitä, kuin ilma yhtäkkiä pääsee entiseen avaruuteensa. Pidetään myös huviksi ilma-pyssyjä, joiden paras osa on tukin-perä. Tämä on vahva vaskinen astia painettava täyteen ilmaa, joka pidetään suussa olevalla poikis-tulpalla. Näin täy-

tettynä liitetään se torven eli putken kanssa yhteen,
ja luoti ajetaan ilma-astian suulle putken pohjaan.
Ampuminen tapahtuu tulpan pikaisella kääntämi-
sellä, päästämään yhden osan ilmaa yhtäkkiä put-
keen ja siitä ajamaan luodin aika vauhdilla, niin
kauvan kuin astia on hyvin piukassa täynnä; mutta
jokaisella laukasemisella huonommin ja huonom-
min aina joka laukasulla ilman tiveyyttä ja siitä
seuraavaa joustoa vähennettyä.

Kylmässä ilmalla täytetty ja hyvin kiinni sidottu
rakko repeää lämmitettäissä. – Luoti lähtee kanuu-
nasta, koska tuli yhtäkkiä paisuttaa kanuunan pe-
rässä olevan ilman samassa kuin ruutikin muuttuu
ilmaksi vaatimaan 200 kertaa suuremman tilan
kuin entisessä koossa olon muodossa otti. Mutta
tämä paisuminen ei pääset' kanuunassa hajoomaan
muualle kuin luotia ajamaan, jonka vuoksi myös
tämä lähtee ilman jousto-painolla; mutta jos luoti
pannaan saman verran ruutin päälle avonaisessa
paikassa, niin se tuskin liikahtaa ruutin sytytettyä
pussahtaissa.

g) Tämän kapineen ylösajatteli Torricelli niminen
mies Florensa nimisessä kaupungissa Italian
maalla V. 1643 jonka vuoksi sitä kutsutaankin Tor-
ricellin putkeksi.

h) Tämänlaiseen astiaan asetetussa Barometerissä
painuu elävä-hopia aivan alas. Höyhen putoaa yhtä
pikaisesti kuin kultakappaletkin. Ei siinä pala mi-

kään palava ainet eikä elä mikään elävä. Lyömäkel-
lonkin saapi kyllä nähdä nostavan vasaraansa ja
lyödä nalkuttavan, vaan helinää siitä ei sen parem-
min kuulu. Tämän koneen, eli kapineen ylösajatteli
Saksan maalla Magdeburin kaupungissa Borgmäs-
tari Otto von Gueride V. 1650. Vaikka siitä ei ilma
niin tyhjäksi lähde kuin Torricellin putkesta, niin
on kuitenkin se etu että taitaan saada suurempia
koetusastioita tyhjätyksi, ja näin suurempia koetuk-
sia toimeen.

l) Ilma- Höyry-palloksi kutsumme suuria ilmalla
täytettyjä paperista taikka tahtista tehtyjä palloja.
Ensimmäiset ylös ajatteliat olivat kaksi Montgol-
fier nimistä paperin tekiän poikaa V. 1783. Heidän
pallonsa nouseminen oli perustettu sen tiedon pääl-
le, että lämmin eli kuumennettu ilma on keviämpi
kuin kylmä. Mutta kuin se jähtyy ajan oloon, niin
tehtiin pallon sisälle lämmitys-lamppu; ja siitä näh-
tyä vahinkoja tulevan on viimmeisinä aikoina len-
netty märkökaasulla (*gas hydrogenico*) täytetyillä
palloilla.

m) Ilman harveneminen ja keveneminen ylhällä te-
kee mahdolliseksi korkeuuden mittamisen Baro-
meterilla.

n) Samainen mies joka ilman tyhjennys koneenkin
ylös ajatteli.

o) Ulkoilman painosta tuleva kiinni-pysyntö näkyy kuppari-sarvistakin, ja jos pienenlaisesta tasasuisesta lasiastiasta imetään ilma ulos, ja lasin suu asetetaan huulta vastaan, niin se rippuu jotenkin kiintiästi.

p) Huokoisia on ihmisenkin ihossa, suuri osa paljain silminkin nähtävä, toiset ei mutoin kuin suurennus lasilla. Niistä lähtee alinomainen höyry, välittäin niinkin runsaasti ettei pääse höyrynä pois, vaan kokouu hieksi. Ovat toisetkin huokoiset jotka imevät sisälle vettä ja hikeäkin. Mutta senpä tähden tulee aina muuttaa hikiset vaatteet pois yltänsä; sillä takasin painunut hiki on niin lukemattoman monen kuolintaudin syy ja alku.

III Lukuun.

a) Kyllä jokapäiväisessä puheessa lähdet- ja kaivovettäkin puhtaaksi sanotaan, vaikka se ei koskaan oikein puhdasta ole; mutta koska ruosteen taikka jonkun suolan maku on selvästi tuntuva, niin kutsutaan mineraalliseksi.

b) Distilleraamiseksi, se on erillensä tiputtamiseksi, kutsutaan sitä, koska joku kappalet pannaan umpinaisessa astiassa kiehumaan, ja siitä lähtevä höyry kootaan kylmän veden taikka jään läpi juoksevissa putkeissa, tiputtain eli pisarattain jouksevaksi. Höyryssä seuraa näin puhtain ainet, mutta sekotukset ja suola-aineet jäävät pohjaan.

c) 1 Kannu distillerattua vettä painaa 6 naulaa ja 5⅛ luodia Sv. B. V. (Ruotsalaista ruokavärkin painoa).

d) Saadaksemme edes jonkun selvityksen Höyry-koneen (*machinæ vaporibus movendæ*) somasta rakennuksesta, niin ajatelkaamme luja torvi, jossa mäntä ahtaasti liikuu, torven toiseen päähän liitetystä keittoastiasta tulevalla höyryllä, mutta mäntä nousee niin korkialle, että vähän kylmää vettä juoksee torveen, muuttamaan höyryn juoksevaksi vedeksi, jota ei tule kuin muutamia pisaroja. Torvi jääpi näin tyhjäksi ja ulkoilma painaa männän suurella painollansa torven pohjaan josta höyry sen uudesti nostaa. Tämä männän näin vuoroin nouseminen ja laskeuminen toimitetaan nerokkailla kurilla liikuttamaan sanomattomia painoja.

e) Tämä yhdistyksen halu taitaan melkein kutsua taipumukseksi (*affinitas*).

f) Muutamat kappaleet jotka ensi alussa hyvin pysyvät veden päällä, taitavat ajan oloon vettyä niin, että painuvat liekona pohjaan. Näiden pienimmistä huokoisista ajavat veden pienimmät osaiset keviämmän ja kannattavan ilman, ja tunkeuuvat siihen siaan.

g) Jos astia täytetään vedellä aivan täyteen, niin juoksee siitä, jonkun keviän kappaleen veden päälle pannessa, tarkoin niin paljo vettä pois, kuin painaa yhden verran kappaleen kanssa.

h) Kaikki maalliset kappaleet jaetaan Sikisiin (*organica*), jotka sikiämällä alkunsa saavat ja sisästä kasvavat omissa astioissansa liikkuvasta nesteestä eli mehusta niin kuin kaikki kasvit ja elävät, ja Sijittömiin (*anorganica*), joiden alku ei ole sikiämisestä eikä kasvu tai lisännys sisästäpäin. Näihin luetaan kaikki muut aineet ja kappaleet, niin kuin kivet, kalliot j. m. s.

i) Muutamilla kappaleilla on erinomainen taipumus vetämään sisäänsä ilman kostetta eli märkyyttä ja tästä turpenemaan. – Näin on esimerkiksi kuiva puu, josta syystä ovet ja akkunat kostealla säällä ovat niin paisuksissa (turvoksissa) etteivät tahdo sopia kiinni menemään, ja kuivalla niin ravistuneet etteivät tahdo pysyä kiinni.

k) Sossyr (Saussure) manio Franskalainen Luonnon tutkistelia teki Kosteen-mittarin hivuksesta, keittäin sen hienossa lipiässä saadaksensa kaiken, ytimen tavalla siinä olevan, rasvaisen nesteen pois. Toisen pään kiinnitti hän kapineen päällys-orteen, ja toisen kääräsi hän ympäri pieran rullan (*trochlea*), jota asetti hienon langan pienellä (muutaman herneen vertaisella) painolla vääntämään, niin että hivus-karva tuli olemaan vähässä pinkoituksessa. Rullan navan päähän asetti hän osottimen joka sen kääntyessä näytti hivuskarvan pitenemisen ja lyhenemisen ilman lauhkeuutta myöden.

Kaikki tämänlaiset kosteen eli lahdun (lauhteen) mitta-kapineet tulevat petollisiksi sillä, että ilma, kuumana taitaa pitää paljoa enemmän vesihöyryä ja kuitenki tuntua kuivalta kuin kylmänä ollessansa. Ilman sitä ei niillä ole kuivan eikä kostean puolella täyden määrää.

IV:teen Lukuun.

a) Valo ei tule muutoin näkyviin, taikka meidän huomaimiin pystymään, kuin kohdatessansa pimeitä kappaleita. Vahvempi valo heikäsee huonomman tuntumattomaksi, jonvuoksi myös tähdet ja kuu päivän paisteella ovat näkymätöinnä. Kynttilänkin valo, joka muutoin pimiässä valaisee, on auringon paisteessa piammasti näkymätöin, ainoasti ruskialla, savu-aineista tulevalla, karvallansa huomattava.

b) Valosäteen (-keen) suoruudesta tulee varjokin sillä valo ei juokse ympärinsä niinkuin ilma ja vesi, se näyttää vain kohdastansa, ja valistaa valoisan kappaleen puolella olevaa kylkeä. Näin on läpinäkymättömän kappaleen takana pimiä varjo, joka pienellä valolla, niinkuin kynttilän, tulee suuremmaksi jos kappalet viedään lähemmäksi valoa, mutta suuremman valon paisteessa menee näkymättömäksi, sillä sen ääret paistavat ympäri. Tästä

tulee sekin että kuun varjo ei pimitä aurinkoa kuun
ollessa kauvinpana maasta ja näin lähempänä au-
rinkoa.

c) Valo juurikuin poukkoaa kappaleista samalla ta-
valla kuin muutkin poukkovaiset eli joustoiset kap-
paleet.

d) Jos lumellen pannaan usiamman karvaisia lip-
puja päivän paisteeseen niin sulaavat mustemmat ja
tummemmat lumen altansa pikemmin kuin valkeat
ja vaaleat, juuri kaiken päivän poltteen (helteen)
puoleensa vetämällä.

e) On tämänlainen kuvajastaminen vietellynnä
monta matka-miestä ja mainion Napoleonin suuret
sotajoukotkin, jotka (santa-) hietameressä uupu-
maisillansa näkivät toivottavia metsiä ja järviä jo-
tenkin jaksettavan matkan päässä tämmöisellä va-
letkuvailemisella. Neapelin valtakunnan rannoilla
eteläisessä Italiassa on tämä kuvajastaminen usein
huviksi, ja nimitetään siellä Fata morgana.

f) Fosforiksi (φωσφοϱον) kutsutaan itsestänsä kah-
della tavalla syttyvää ja kahdella tavalla palavaa ai-
netta, jota saadaan poltetuista luista ja ensi-alussa
kusesta tehtiin. Brand ja Kunkel.

h) Teräksi ja silmäteräksi (*Pupilla*) taitaan kauniisti
kutsua sitä ymmyriäistä reikää, joka silmä-munan

etu-puolella päästää valon säteet (-keet) silmän pi-
meään pohjaan kuvaa tekemään.

i) Tämänlaista alkutunnon pysyntöä (*Perseveratio
sensualis*) näemme monissa asioissa. Esimerk. Tai-
vaan- eli Vesi-kaaressa, jossa aikaa ennen se pisara
putosi, joka sen tahi sen valosään silmäämme lä-
hetti, mutta se pysyy kuitenkin valonsää silmässä
toisen pisaran samaan paikkaan tulemiseen asti.

k) Loukkomen eli nurkkamen nimet nähtäkööt
Geometriasta (mitta-opista).

46. Ensimmäinen valosäiden ilmisaaja oli Englan-
dissa mainio mies Isaac Newton (luetaan Niut'n),
joka tämän tiedon päälle sitte rakensi uusia tietoja,
perusti tähteinkin tutkinnon tukevammalle jalallen
kuin ennen oli arvattukaan. Sitte on miesi mieheltä
vuosi vuodelta saatuna aina laviampia ja tarkempia
tietoja, jotka pian pyrkivät käymään alussa muistet-
tuin ihmisen käsitys-määräin ja äärien yli ja ohitse.

l) Tarkoin nähdäksensä tarvitsee silmä jonkun
määrällisen näkö-etään joka muutamilla on ly-
hempi, toisilla pitempi. Paljon pieniä kappaleita
epä-valossa ja lapsena tirkistellen tulevat silmät ly-
hyt-näköisiksi, eivätkä parane tästä viasta ennen
kuin vanhuus vetää silmä-munan kuivemmaksi ja
samassa litteämmäksi. – Jotka Luonnon tutkin-
nossa aina tulevat yhdellä silmällä katselemaan nä-

kölasin läpi, saavat vielä täysi-ikäisenäkin sen silmän läheltä näkeväksi toisen ollessa tavallisena.

V:teen Lukuun.

a) Tämän hyödyllisen kapineen (Lämpömittarin, *Thermometerin*) sai nerokas Hollantilainen Talonpoika nimeltä Cornelius Drebbel V:den 1638 paikoilla toimeen. Hänen ja usiampain sitemmin tätä kapinetta parantaa kokevain näytös-ainet oli näkyvästi punastettu viinan väki (*alcohol*); mutta selkeimmän parannuksen teki Ruotsalainen Professor Celsius, joka pani näytös-aineeksi elävää-hopiaa, ja jakaili hyytö-rajasta veden kiehuma-rajaan asti sataan osaan.

b) Viinan väki on kyllä hyvin arka paisumaan lämpymässä, mutta sen paisuminen on epätasainen, jonka vuoksi Celsius sen hyljäsikin.

Hyvin kuumassa höyryää elävä-hopiakin pois ja lasi pillipalli sulaa muuttain avaruutensa epätasaiseksi. Sentähden on Wedgewood niminen Englandilainen teettänyt savipallia kuumuuden mitta kapineeksi, ja kylmyyden mittaria on tehty erinlatuisia metalli kiskoja yhteen liittämällä.

c) Vilu ja lämmin, pakkainen ja suunta-sää ovat niin pikaiset muuttumaan, ettei siihen rajaa eli määrää taita tehdä. Nämät muutokset ovat kaikkein pikaisimmat korkeilla kuivilla aavoilla, kussa tuulikin on kerkiämpi kääntelehtämään. Koko Suomen maassa on jolloin kulloin ollut senlaisia pakkaisia että elävä-hopia on hyytynyt, vaikka tässä ei ole tilaisuutta vuosilukuja luetella. Jotakin usiammin tulee niin kova pakkainen kuitenkin pohjan perällä, kuin eteläisessä osassa.

d) Noki-palo saadaan sammumaan tulisian visulla sulkemisella sekä ylhältä että alhalta. Tämänlaisen tulen läkäyttämiseksi on myös rikin (tulikiven) savu (*acidum sulphurosum*) varsin hyvä, jonka vuoksi muserrettua rikkiä olisi tarpeellinen pitää kaikkein suurempain keittopaikkain vierustalla.

e) Auringon keski-alla päivän tasaajan kohdalla on rautakankikin pitempi kuin maan napain tienolla yöttömän päivän raja-piirtoin sisällä. Kylmästä sormesta huokiasti lähtevä sormus ei tahdo väkivallallakaan lähteä lämpymästä. Aivan tarkoin täyttävä luoti ei menek kuumennettuna sisälle vaatteen silitys- (tryykki-) rautaan, niinkuin kylmänä menee.

f & *g*) Niitä aineita kutsutaan palavaisiksi, joilla on hyvä hapon taipumus (taipumus happoon, hapon puoleen). Hiili on jo joksikin hapotettu sikisen kappaleen osa, mutta jos vielä enämpi happoa yhdistyy siihen, muuttuu se hiilihappokaasuna tappavaksi höyryksi, hääksi, tikuksi, katkuksi, katschkukshi, jonka vuoksi ei ole hyvä lämmittää asumahuoneita hiiliastioilla, joista nouseva henki on yhden osan hiilihappokaasua ja enimmän osan palosta jäännyttä tukoa, jotka molemmat ovat eläväin hengen vedollen peräti vahingolliset.

h) Tämä tulen pyytämisen keino on pieni metallinen putki, tarkoin juoksevalla männällä (*antlia pneumatica compressoria*) jonka Mollet niminen Franskalainen Luonnon tutkistelia sai toimeen. Tätä sopii kutsua ilma- tahi tuuli-tuhnioksi.

i) Kuivat eli voitelemattomat rattaan (pyörän) navat (akselit) syttyvät kovalla ajolla tuleen: Sorvarit mustuttavat kaunistus raitoja työ alaansa kovalla puulla sitä painain pyörittäissänsä. Vähän nyt enään taitaa olla niitä siistittömiä kansoja, kuin joku vuosi sata sitte oli, jotka eivät tienneet muista tulen saamisen keinoista, kuin kahden puun hieromisesta vastuksin.

k) Tässä ei ole tilaa täysin selvittää kahdenlaisen sähkövoiman eroitusta Olevaan (*E. positiva* + *E*) ja Eivään (*E negativa*, − *E*). Niin paljon kuitenkin sopii sanoa, että Lasin hieromalla tulee + *E* ja pihkan hieromalla − *E*. j. n. e.

l) Tästä ukkoisen vahingottomaksi saattamisen keinosta tulee meidän kiittää muutoinkin mainioa Amerikalaista Benjamin Franklin nimistä miestä (V:na 1752).

m) Jos vahva honto (hoto, onsi) kanuunan luoti täytetään vedellä, suu tukitaan lujasti umpeen, ja näin

pannaan ankaraan kuumuuteen, niin halkaisee (re-
päisee) veden höyryksi muutanto sen.

n) Laivain jäännöksiä on löyttynä jotenkin kaukana
merestä ylhällä maalla. Vanhat meripinnan merkit
ovat jääneet ylemmäksi – . Niin Geflen kaupungin
seudulla 1½ peninkuuluman päässä Löfgrundissa
kallioon V. 1731 hakattu merkki on jo V. 1785 ol-
lut 29 peukaloa (tuumaa) ylempänä vedenrajaa.